novum premium

SASCHA GERSBECK

GENESEN

Welche Wahrheiten sind geheim?

novum premium

Bibliografische Information
der Deutschen Nationalbibliothek:

Die Deutsche Nationalbibliothek
verzeichnet diese Publikation in
der Deutschen Nationalbibliografie.
Detaillierte bibliografische Daten
sind im Internet über
http://www.d-nb.de abrufbar.

Alle Rechte der Verbreitung,
auch durch Film, Funk und Fernsehen,
fotomechanische Wiedergabe,
Tonträger, elektronische Datenträger
und auszugsweisen Nachdruck,
sind vorbehalten.

Gedruckt in der Europäischen Union
auf umweltfreundlichem, chlor- und
säurefrei gebleichtem Papier.

© 2023 novum Verlag

ISBN 978-3-99130-338-1
Lektorat: Lucas Drebenstedt
Umschlagfoto: Helgard Beiner
Umschlaggestaltung, Layout & Satz:
novum Verlag
Autorenfoto: Meike-Engel-Fotografie

www.novumverlag.com

Mit besonderem Dank an
Sonja Rudorf, ohne die dieses Buch nie
geschrieben worden wäre,
und
Helle Beiner, für die großartige Kunst
an der Umschlagseite

Inhaltsverzeichnis

Erster Block 9

1. Kapitel: Der Abschied, Teil 1 11
2. Kapitel: Der Abschied, Teil 2 17
3. Kapitel: Der junge Josef Baumann 19
4. Kapitel: Erste Berufsausbildung, und dann? 23
5. Kapitel: Erster Rückblick 31
6. Kapitel: Bei der Bundeswehr 33
7. Kapitel: Bundeswehr, die Karriere 41
8. Kapitel: Wolfgang Bacher 49
9. Kapitel: Wolfgang und Sofia 56
10. Kapitel: Zurück bei der Bundeswehr 60
11. Kapitel: Soldat Baumann und seine
    Schwester Sofia 61
12. Kapitel: Reise zur Schwester 67
13. Kapitel: Ingrid 74
14. Kapitel: Beim MAD 89
15. Kapitel: Zurück aus Thüringen 96
16. Kapitel: Fertig mit der Bundeswehr? 99
17. Kapitel: Die nächste Karriere 103

Zweiter Block 111

1. Kapitel: Wolfgangs Geheimnis 113
2. Kapitel: Familie Bacher 117
3. Kapitel: Die kleine Familie wächst 120
4. Kapitel: Der Aufstieg 125
5. Kapitel: Wolfgangs Alltag 130

Dritter Block 137

1. Kapitel: Aktenlage oder nicht 139
2. Kapitel: Nachrichten von IM „Schreiber" 146
3. Kapitel: Die Quelle „Hansen" 148

Vierter Block 153

1. Kapitel: Ende und Abspann 155
2. Kapitel: Otro mundo 160
3. Kapitel: Nachwort 165

ERSTER BLOCK

1. Kapitel:
Der Abschied, Teil 1

2000

Menschen, mit denen er sich seit langen Jahren und wahrhaft tief verbunden fühlte, hatte Josef Baumann schon vor ein paar Wochen zu sich eingeladen, zu einem letzten Beisammensein.

Alles sollte so sein wie immer und so, nur so wollte er es in seiner Erinnerung mitnehmen: Wie sie in seiner urgemütlichen Altbauwohnküche zusammensaßen, die er mit gesuchten Stücken aus der Welt der Fünfziger, geschickt und stilsicher kombiniert mit bayrischen Bauernmöbeln, eingerichtet hatte.

Gekocht wurde immer gemeinsam. Dabei ließ sich trefflich schwatzen, über Belangloses, über Politik, den letzten Theaterbesuch oder Fußball und natürlich all die anderen Geschichten aus dem wirklichen Leben.

Selten verließ jemand unmittelbar nach dem Essen die Runde. Man blieb sitzen und gab sich noch eine Weile dem Zusammensein und einem guten Wein hin. Einfach so. Es konnte aber auch sein, dass man sich an Diskussionen bis in die frühen Morgenstunden festbiss. Da konnte es schon mal lebhafter werden, richtig leidenschaftlich, aber immer offen.

Anders als in reinen Frauen- oder Männerrunden hatten Beziehungsgeschichten hier keinen hohen Stellenwert. Vielleicht wurde auch auf den Gastgeber Rücksicht genommen. Josef hatte sich nach einer gescheiterten Ehe in seinen viel zu jungen Zwanzigern auf solch eine Form der Beziehung nicht mehr einlassen wollen. „Ich habe mehr als genug damit zu tun, auf mich selbst aufzupassen! Kurze Beziehung oder Affären ja, aber was Festes kommt für mich nicht mehr infrage!", war seine Antwort, sollte die Sprache doch einmal auf dieses Thema kommen.

Seine Freunde meinten, es lege ihm wohl daran, mit dieser Erklärung den Eindruck des Einzelgängers oder gar des Egomanen zu vermeiden. Schließlich sei er doch im Vorstand seines Tennisklubs, engagiere sich in der Ortsgruppe einer namhaften NGO für Umweltschutz und im Literaturforum für Gesellschaftspolitik. Er diskutiere gerne und ausführlich Themen, die die Welt bewegten. Für gewöhnlich kommentierte er das, was er als sein Innenleben bezeichnete, eher ungern; die meist holzschnittartigen Antworten, die er zu dieser Frage parat hatte, mussten – bitte schön – reichen!

Diesmal war alles anders. Und alle fühlten es.
Treffen bei Jo waren bekannt für ihre Rituale. Es schien, als habe er sich diesmal außerordentlich viel Mühe gegeben, den Esstisch zu einer Tafel werden zu lassen: Die gefalteten Stoffservietten waren aufgelegt, eingesteckt in die silberfarbigen Serviettenringe, die ihm seine Freunde zum Fünfzigsten geschenkt hatten, ein jeder mit seinem eigenen eingravierten Namen. Das Familiensilber, das so manches Fünf-Gänge-Menü der letzten Jahre geadelt hatte, war blank geputzt, die edelsten Gläser aus seiner gut sortierten Vitrine blitzten im Schein der beiden Kerzenleuchter, die den Tisch in warmes, gelbliches Licht tauchten. Jo hatte sich für das weiße Geschirr entschieden, sein erklärtes Lieblingsservice aus dem Nachlass seiner so geschätzten, aber viel zu früh verstorbenen Großmutter.
Die Lautsprecher, versteckt in der abgehängten Decke, verströmten dezente Klaviermusik, Titel von den Beatles, gefühlvoll gecovert von einem Frankfurter Pianisten, mit dem Jo vor langen Jahren musiziert hatte.
Doch es nützte nichts. Die Stimmung war gedrückt. Alle wussten, dass Josef fest entschlossen war, und was das bedeuten würde. Nie mehr würde man in dieser Runde, hier an Josefs Küchentisch, so zusammensitzen.

Josef hatte eine ganze Weile beinahe regungslos vor sich hingeschaut, völlig gelöst von den Gesprächen, die seine Gäste am Tisch führten. Dann, als hätte ihm jemand im Vorbeigehen die Hand auf die Schulter gelegt und ihn in die Wirklichkeit zurückgeholt, streckte er sich, stand auf, ging zwischen Tisch und Anrichte hin und her, kratzte sich am Kopf, fuhr sich mit der flachen Hand durchs Gesicht.

Wieder am Tisch angekommen, blieb er stehen, holte tief Luft, erhob sein Weinglas und klopfte ein paar Mal mit dem Messerrücken dagegen. Sein Blick wanderte von einem zum anderen, so, als könne er diesen Moment und einen jeden dieser Runde mit einem Kameraauge erfassen und festhalten. Die Musik hatte er ausgestellt. Was blieb, war die atemlose Stille der Gäste.

„Liebe Freunde", seine Hand zitterte so sehr, dass er das Glas abstellen musste. „Ihr wisst alle, was mir vor ein paar Wochen zugestoßen ist, was mein Leben komplett auf den Kopf gestellt hat. Ich müsste lügen, wenn ich sagen würde, ich bin damit durch."

Seine Stimme war nach den ersten Sätzen leiser geworden, hob sich jetzt aber wieder. „Keine Sorge, ich will keine Rede halten, aber", er stockte, schluckte, sah in die fragenden Gesichter seiner Gäste, „eins möchte ich euch unbedingt noch sagen: Die Erinnerung an euch ist das Einzige, was ich wirklich von Herzen gern auch in mein neues Leben mitnehmen möchte. Ich danke euch! Jedem Einzelnen von euch." Er erhob mit immer noch zittriger Hand sein Glas und prostete seinen Gästen zu.

Im Minenspiel seines Gesichts war unübersehbar, wie sehr er sich zu diesen Worten hatte quälen müssen.

Betretene Stille füllte nach seinen Worten den Raum.

Josef hatte zugestehen müssen, dass das, was da ebenso unvermittelt wie unabänderlich über ihn hereingebrochen war, möglicherweise auch anderen Menschen zugestoßen sein mochte. Dass man sich in seinem Leben plötzlich und ohne Vorwarnung mit einer vollkommen anderen Wirklichkeit konfrontiert sehen konnte, aus der es kein Entrinnen gab.

Aber jeder, so folgerte er dann, musste daraus für sein weiteres Leben seine eigenen Schlüsse ziehen und die fälligen Entscheidungen treffen.

Sein Entschluss stand fest. Es hatte keinen Sinn, sich den Verlauf seines Lebens in irgendeiner Form schönreden zu wollen. Er würde es hinter sich lassen müssen, in aller Konsequenz, und den Versuch wagen, sich weit, am besten ganz weit weg davon, irgendwie ein Neues aufzubauen.

Von seinen Gästen wusste jeder, dass er sich diese Entscheidung nicht leicht gemacht hatte, aber auch, dass ihn keiner davon abbringen konnte.

Anfangs, so räumte er ein, hätten ihn noch Zweifel geplagt, jetzt nicht mehr.

Seine Freunde kannten ihn gut; manche von ihnen seit der gemeinsamen Kindheit oder Jugend. Und sie erinnerten sich an diese gemeinsame Zeit, und wie sie Jo damals erlebt hatten.

So richtig hatte damals wohl keiner damit gerechnet, dass Jo – so nannte er sich, seit er als Jugendlicher irgendwann deklaratorisch die Regie über sich und sein Leben übernommen hatte – eines Tages in der Führungsetage eines Großunternehmens sitzen würde. Gewiss, schon als junger Mensch war er in vieler Hinsicht ambitioniert gewesen. Die Freunde schoben das auf den kunstvoll und oft einfallsreich verdeckten, aber doch bisweilen durchscheinenden Familienhintergrund: zugehörig zu einer scheinbar gehobenen, allerdings meist eher klammen Gesellschaftsschicht. Die „beste" seiner beiden Hosen glänzte an den viel zu häufig, aber immer messerscharf gedämpften Bügelfalten. Die modernen Kragen seiner Hemden waren aus ihrem eigenen unteren Rückenteil geschneidert; damit das nicht sichtbar wurde, wenn das Hemd mal ein Stück aus der Hose rutschte, trug er gerne ein Jackett. Und diese Art der Bekleidung hob ihn wieder aus der Gruppe seiner Altersgenossen heraus.

Machte ihn älter, aber auch reifer, gediegener?

Sein Engagement in der Schule war nach Ansicht der Lehrer eher selektiv; das zeigte sich im Ergebnis an den Zeugnisnoten. „Mit solch ungleichmäßigen Leistungen lässt sich keine Basis für eine solide berufliche Laufbahn schaffen", waren sich die Lehrer einig.

Und damit hatten sie recht. Die Aussicht auf eine solche war nichts, was ihm besonders verlockend oder erstrebenswert schien. Er hatte beschlossen, das zu lernen, was ihn in der Entwicklung seiner Begabungen weiterbringen würde. Sein eher mäßiger Wissensdurst für die Naturwissenschaften würde mit dem auskommen müssen, was der Unterricht in diesen Fächern hergab. Sprachen und die musischen Fächer, das war es, wofür er sich interessierte, bisweilen sogar so etwas wie Begeisterung zeigte. Für das Mitsingen im Schulchor sowie Russisch und Italienisch als Wahlfächer opferte er sogar kostbare Freizeit. Richtig gut werden wollte er darin. Der Beste in der Klasse. Mit Sprachen, Musik und Kunst würde man glänzen können, sich herausheben, nicht nur in der Schule. Das war es, was er wollte: sein Leben in die Hand nehmen, etwas aus sich machen und den Weg finden, raus aus der heimlichen Ärmlichkeit und Not seiner jungen Jahre. Was sollte er da mit einer mittelmäßigen soliden Laufbahn?

Es war ihm bewusst, dass er mit dieser Einstellung ständig Gefahr lief, das Klassenziel nicht zu erreichen. Solange er nur irgendwie seine Schullaufbahn fortsetzen konnte, nahm er auch hin, dass er die eine oder andere Klasse wiederholen musste. War das nicht jedes Mal eine gute Gelegenheit, in „seinen" Fächern noch besser zu werden und die ungeliebten Disziplinen durch Wiederkennung des Stoffplans zumindest in Strukturen oder Zusammenhängen zu begreifen?

Seine Freunde bekamen Taschengeld von ihren Eltern. Jo nicht. Er musste, um sich seine kleinen Wünsche erfüllen zu können, selbst Geld verdienen. Zeitungen austragen am Sonntag, Schneeräumen auf den Gehsteigen um vier Uhr morgens, unter der Woche mit dem Fahrrad Blumen ausfahren und beim Lebensmittelladen um die Ecke Obst- und Gemüsekisten raus- und bei Geschäftsschluss wieder reintragen.

Jo wuchs schnell heran, im Alter von dreizehn hatte er seine drei Jahre ältere Schwester und nicht lange danach seinen vier Jahre älteren Bruder bereits an Körpergröße überholt. Nicht, dass das etwas zu bedeuten gehabt hätte, außer der Tatsache, dass er künftig dessen abgetragene Oberbekleidung und Schuhe nicht mehr übernehmen musste, sondern sich endlich auf neue, nur für ihn gekaufte freuen durfte!

Ging er wirklich so weit, auch daran seinen Durchsetzungswillen festzumachen? Er war sich sicher, dass zu einem überzeugenden Auftreten ebenso eine stattliche Statur gehörte. Es würde zu dem passen, was er sich schon in jungen Jahren auf seine Fahnen geschrieben hatte. So wenig wie möglich von seinem Leben mochte er dem Zufall oder dem Schicksal überlassen, und schon gar nicht sollte seine Herkunft dem Leben seinen Stempel aufdrücken.

2. Kapitel:
Der Abschied, Teil 2

Jo war frühzeitig zum Flughafen gekommen, um in aller Ruhe die unvermeidlichen Formalitäten hinter sich bringen zu können. Er reihte sich in die Schlange der Wartenden ein und hing seinen Gedanken nach. Um ihn herum das ganz normale, hektische Treiben in einem Flughafen zur Urlaubszeit. Die einen bugsierten ihren Kabinen-Rollenkoffer leichtfüßig und geschickt durch die wabernden Reisegruppen und schwer beladenen Gepäckwagenschieber, die anderen ließen mit der Unsicherheit des selten Fliegenden ihrer Verzweiflung schiebend, stoßend, rempelnd und fluchend freien Lauf.

Das alles war ihm vertraut von vielen seiner Reisen, die hier ihren Ausgangspunkt gehabt hatten. Wie ein Teil seines alten Lebens, das er nun tatsächlich gleich hinter sich lassen würde. Noch fand er sich in seinen Gedanken nicht vertraut mit dieser Wirklichkeit, straffte aber im gleichen Moment beinahe trotzig den Oberkörper, entschlossen, diesen Weg konsequent weiterzugehen.

Viele solcher Gedanken und Gefühle hatten seine letzten Wochen beherrscht. Es war wie der Versuch, sich selbst zu versöhnen mit seinem Entschluss, seine Vergangenheit abzustreifen, die Unvermeidlichkeit dieses Aufbruchs als folgerichtige Entscheidung zu belegen.

Wie automatisch rückte er in den Leitwegen der Absperrung seinem Vordermann nach und dem Check-in-Schalter entgegen.

Er hatte sich vorgenommen, heute entspannt zu sein, locker, die Nase nach vorne in den frischen neuen Wind gerichtet.

Tatsächlich aber fühlte er sich elend, nestelte an seiner Krawatte und am Hemdkragen herum, öffnete den obersten Knopf, zog schließlich sein Jackett aus und hängte es über den Arm. Er holte Ticket und Pass aus der Innentasche, warf einen kurzen Blick darauf und steckte beides, für den Moment beruhigt, zurück. Seinen Bordkoffer hatte er vor sich abgestellt und schob ihn mit dem Knie bei jedem Ruck wieder ein Stück weiter auf dem Boden aus polierten Granitplatten. Leichte Zornesfalten zeigten sich auf seiner Stirn, als ihm sein Hintermann, dem es wohl nicht schnell genug ging, seinen Koffer in die Kniekehlen rempelte. „Können Sie nicht aufpassen?", raunzte er ihn an und wusste doch im gleichen Moment, wie unsinnig diese Frage war.

Hätte er selbst in seinem Leben etwas besser aufgepasst, würde er jetzt nicht hier stehen. Je mehr er begriff, dass dies nun wirklich und unabänderlich der letzte Akt seines bisherigen Lebens sein würde, desto stärker schien sich ein unbestimmtes Gefühl gegen diese Erkenntnis aufzulehnen. Er versuchte, sich abzulenken, schaute sich wieder in der Halle um, ohne wirklich etwas Bestimmtes zu suchen oder wahrzunehmen. Dann fiel sein Blick auf die große Anzeigetafel in der Mitte der Halle, wo er am unteren Ende schließlich „seine" Flugnummer fand: QF 1001 von Frankfurt nach Sydney, Abflug um 22:30 Uhr, Gate B45, der letzte Abflug dieses Tages.

Am Check-in-Schalter angekommen, reichte er der jungen Uniformierten Ticket und Pass und bemühte sich um ein freundliches Lächeln, als er seine Bordkarte entgegennahm. Er verstaute seinen Pass wieder im Jackett und ging ohne Eile die langen Gänge entlang zum Abfluggate B45.

Dort suchte er sich einen Platz am Fenster, um das Treiben auf dem Vorfeld zu beobachten. Die Choreografie, das Zusammenspiel der Menschen mit einer wahren Armada von Gerätschaften und Maschinen rund um das Flugzeug hatten ihn schon immer fasziniert, obwohl es ihm bisher nicht gelungen war, herauszufinden, wer dabei tatsächlich die Regie führte.

Auch heute nicht.

3. Kapitel:
Der junge Josef Baumann

Um herauszufinden, was für ein Mensch Jo war, musste man Paule fragen. „Der Typ hat wirklich eine recht eigenwillige Vorstellung von dem, was er in seinem Leben erreichen will", war seine erste Kurzbeschreibung und weiter: „Wie er da hinkommt, entscheidet er dann am liebsten unterwegs, nach Lage der Dinge also." Er habe, so betonte Paule, auch keine andere Wahl gehabt als drittes Kind von Eltern, die ihn in einer Mischung aus pragmatischer Abwesenheit (Vater) und stabsfeldwebelhafter Dominanz (Mutter) geprägt hätten. Auf etwas wenigstens habe Jo sich verlassen können: Seine Eltern würden ihm auf seinem Weg durch die Kinder-und Jugendzeit keine brauchbare Unterstützung oder Orientierung geben. Dabei war es für ihn unerheblich, ob sie das nicht wollten oder nicht konnten.

Paule, sein engster Freund und Vertrauter in der gemeinsamen Jugendzeit, kannte Jos ganze Familiengeschichte. Er erinnerte sich daran, dass die Ehe seiner Eltern nach Jahren der schleichenden Entfremdung und Trennung schließlich geschieden wurde. Von da an habe der Kontakt des Vaters zu Jo und dessen Geschwistern kaum noch stattgefunden.

„Als jüngstes Kind fühlte sich Jo vom Verlust des Vaters besonders hart getroffen. Er beneidete seine Geschwister, ihnen wurde von der Mutter viel mehr erlaubt als ihm, ihnen gestand sie immer mehr Freiheiten zu. Und ja, es sah so aus, als ob die schon genau wüssten, wo es hingehen sollte in ihrem Leben! Beide verließen diese restliche Familie in sehr jungen Jahren, um ihre eigenen Nester zu bauen, selbst Familien zu gründen, Kinder zu haben, es irgendwie besser, auf jeden Fall anders zu machen."

Und er, Jo?

„Tatsächlich nahm die Mutter immer weniger Anteil an seinem Tagesablauf. Ich glaube, Jo fühlte sich damals wie ein

Fremdkörper, jedenfalls wirkte er manchmal sehr einsam. Irgendwie orientierungslos. Es war offensichtlich, dass seine Mutter einfach nur noch ihr Leben leben wollte. Und er störte eben manchmal dabei, einfach nur, weil er da war und ein bisschen Aufmerksamkeit wollte. Jo fand sich verloren im Niemandsland zwischen seiner Mutter und einer neuen Erfahrung: Da war kein Vater mehr, aber Männer, die seine Mutter offenbar gut kannte, er jedoch überhaupt nicht ...", erklärte Paule und weiter: „Für ihn war klar, dass ihm die Mutter den Vater genommen hatte. Und die Mutter konnte und wollte ihn nicht ersetzen."

1966

Jo war zu einem jungen Mann herangewachsen. Er sah gut aus, schlanke Statur, leichter, federnder Gang, das pure, aber nicht aufdringliche Selbstbewusstsein.

Bei genauerem Hinsehen und -hören erschien er manchem etwas frühreif, und er wurde von seiner Umgebung gelegentlich als altklug beschrieben.

Tatsächlich war er ständig auf der Suche nach Anerkennung und Harmonie. Diesen Widerspruch wusste er geschickt hinter einer Kulisse aus gepflegtem Aussehen und guter, gemäßigt modischer Kleidung zu verbergen. Schon früh und ganz bewusst pflegte er die Kunst der Eloquenz, immer bemüht, an seinem Wortschatz zu feilen, den Eindruck der guten Umgangsformen und der dezenten, aber wirkungsvollen Erscheinung abzurunden. Er las gerne und viel, nichts Bestimmtes, eher alles, was er so zu fassen kriegte. Egal, ob es „Deutsche Volks-und Heldensagen" waren oder „Minna von Barnhelm", sein Lieblingswerk von Lessing. Wenn andere seines Alters sich zum Fußballspielen trafen oder zum Rumhängen im Park, zog er meist ein Buch aus seiner Tasche, das er günstig in einem Antiquariat erstanden hatte. Unter einem Baum, auf einer Bank am See oder in seinem Zimmer wurde seine Wirklichkeit eine andere. Dass er dabei leicht nicht nur die Zeit vergaß, sondern auch seine Hausaufgaben, beunruhigte ihn nur, wenn für den nächsten Tag Klausuren anstanden.

Seine Freunde waren meist jünger als er, seine Freundinnen hingegen oft deutlich älter. Der Altersunterschied zu seinen Freunden ergab sich aus der holprigen Schulkarriere, die ihn zwangsläufig irgendwann zum Klassenältesten hatte werden lassen. Was es mit dem mitunter deutlichen Altersunterschied zu seinen Freundinnen auf sich hatte, erklärte Jo nie, genoss aber das Ansehen, das ihm seine „Jagderfolge" bei seinen Freunden einbrachten. Mit zickigen Sechzehnjährigen Händchen haltend auf der Parkbank zu sitzen, konnte schließlich jeder; Zwanzigjährige hatten unbegrenzten Ausgang, vielleicht schon ein Auto oder eine eigene Wohnung. Mit ihnen konnte man reden und sich zeigen. Paule erinnerte sich: „Er wollte raus da, wo er sich lange Zeit versteckt hatte, wollte etwas erreichen, was darstellen, möglichst vorne dabei sein, irgendwie."

Nach einer erfolglosen zweiten „Ehrenrunde" in der Oberstufe des Gymnasiums geriet dieses erklärte Ziel heftig ins Wanken, und es galt, auf pragmatische Art und Weise Alternativen zu entwickeln.

„Paule", sagte Jo, „ich muss jetzt meine eigene Entscheidung treffen! Ich schmeiß nach diesem katastrophalen Halbjahreszeugnis die Schule hin. Ich krieg das einfach nicht mehr geregelt. Stell dir vor, zum Beispiel in Mathe: Ich hab' überhaupt keine Ahnung mehr von dem, was ich da bei Ingo abschreibe! Ich hab' komplett den Anschluss verloren. Und in Physik bin ich auch nicht mehr am Stoff dran. Das Thema ist durch für mich, egal, was meine Mutter dazu sagt."

Paule war in einer ähnlichen Situation, hatte für sich selbst aber schon eine praktikable Lösung gefunden.

„Und wenn du mit mir auf dieses Internat gehst, da im Odenwald? Die sagen, dass selbst die faulsten Pennäler wie ich dort locker noch das Abi schaffen!"

„Auch die aus Bayern?"

„Gerade die. Denk mal an den Numerus clausus, den die anderen schaffen müssen, um an bayerischen Unis studieren zu können!"

Jo war klar, dass Paule recht hatte, aus seiner Sicht. Aber das war keine Lösung für ihn, Jo Baumann.

„Vergiss es, das können wir uns niemals leisten."

„Und wenn du hier auf eine Privatschule gehst?"

„Auch zu teuer. Außerdem wär ich dann da auch nicht schlauer als auf der Staatlichen, oder? Nee, Paule, ich muss mir da schon was anderes einfallen lassen."

„So ein Mist!"

„Kannst du wohl sagen."

„Und jetzt? Was machst du jetzt?"

„So richtig weiß ich das auch noch nicht. Ich glaube, ich muss mich jetzt um eine Berufsausbildung kümmern!"

Natürlich eine, und da gab es keine Zweifel für Jo, in der er seine erkannten, bewährten und nachgewiesenen Begabungen optimal einsetzen konnte. Seine besten Zeugnisnoten hatte er, neben Musik und Kunst, in den Fremdsprachen. Englisch und Französisch.

Dolmetscher, Übersetzer werden, vielleicht wie Werner Riekert, der Vater der mit der Familie befreundeten Nachbarskinder: 15 Tage selbstständiger Arbeit im Monat sicherten diesem augenscheinlich nicht nur einen auskömmlichen, sondern durchaus gepflegten Lebensstil, und zwar für die gesamte vierköpfige Familie.

Keine schlechte Perspektive, fand Jo.

4. Kapitel:
Erste Berufsausbildung, und dann?

1966–1968

Das Projekt „Berufsausbildung" lief gut an. Jo hatte sich durch eine erfolgreiche Einstufungsprüfung in der Städtischen Sprachenschule eines von vier Semestern Englisch gespart. Der angebotene Lernstoff war bis auf wenige Ausnahmen im Rahmen der Unterrichtszeit zu bewältigen.

Drei Häuser neben der Schule war ein Café, wo sich Sprachschüler nach dem Unterricht gerne trafen. Wenn Jo im Unterricht doch einmal etwas entgangen war, setzte er sich dazu und fragte sich so lange durch, bis er seine Wissenslücken zu seiner Zufriedenheit geschlossen hatte.

So blieb ihm ausreichend Zeit für die Dinge, die er selbst für wichtig hielt. Zum Beispiel mit seinen Freunden Musik zu hören und selbst Musik zu machen. Mit dem Klavier war er groß geworden, mit der Gitarre hatte er sich bei den Pfadfindern angefreundet, und jetzt war das Schlagzeug drauf und dran, in der kleinen Band sein Lieblingsinstrument zu werden.

Und natürlich den Führerschein zu machen, so bald als möglich mit einem eigenen Auto unabhängiger werden, seinen Aktionsradius erweitern.

Er fand es an der Zeit und für sein Selbstverständnis geboten, dass Schluss sein musste mit der peinlichen Bus-und Straßenbahnfahrerei. Frei und unabhängig von irgendwelchen Fahrplänen wollte er sich nach eigener Regie fortbewegen können. Für zwei- oder dreihundert Mark konnte man beim Gebrauchtwagenhändler am Stadtrand sicherlich ein Schnäppchen finden. Aber auch dafür musste er sich das Geld selbst verdienen. Durch das Austragen von Zeitungen in den frühen Morgenstunden der Wochenenden und abends, stundenweise an der Zugangskasse oder Garderobe seiner Stammdisco. Da blieb nicht viel Zeit für das systematische Nacharbeiten des Unterrichtsstoffs. Wo die Note mal auf der Kippe stand, konnte er durch sein eifriges Engagement in der „Arbeitsgruppe Theater" Boden gut machen.

Nach zwei Semestern war der Abschluss in Englisch geschafft.

Nun sollte es, so der Plan, mit der Qualifizierung in der nächsten Sprache weitergehen, um sich im Wettbewerb für gute Positionen in der Wirtschaft möglichst mehrsprachig aufstellen zu können. Jo hatte sich für Französisch eingeschrieben; auch hier war er sich sicher, bis zum Abschluss nicht mehr als drei Semester einsetzen zu müssen.

Werner Riekert, der dolmetschende Nachbar, freute sich mit Jo über den bestandenen Abschluss und gratulierte dem frisch gebackenen, jungen Kollegen mit einem großartigen Geschenk: sein ganz persönliches, lange Zeit unbenutzt gehütetes Englisch-Deutsch-Wörterbuch, das Standardwerk schlechthin, von Cassell, Baujahr 1912.

Und mehr noch. Er vermittelte ihm erste lukrative Aufträge. Genau sein Ding: Für ein Konsortium von Wertpapierhändlern (oder -schiebern? Egal!) galt es, in unregelmäßigen Abständen die Verhandlungen zwischen den Geschäftspartnern zu dolmetschen. Man traf sich zu dritt oder zu fünft diskret in Räumen eines Münchner Nobelhotels, saß zwischen sechs und acht Stunden zusammen, verhandelte, und dann gab's für den Dolmetscher einhundertfünfundzwanzig Deutsche Mark für jede angefangene Stunde streng vertraulicher Sitzungen bar auf die Hand!

War Jo damit am Ziel seiner beruflichen Wünsche angekommen?

Eigentlich ja. Aber es kam anders.

Ganz anders.

1969

Seine Mutter hatte ihm den Brief vom Kreiswehrersatzamt auf den Tisch gelegt. Keiner wollte ihn so recht anfassen, gar öffnen, weder Jo selbst noch seine Mutter. Gerade hatte es das

Schicksal richtig gut gemeint mit ihm, sein neuer Beruf war die Chance nach der eher mäßig erfolgreichen Schulzeit.

Wenn schon nicht Akademiker, dann wenigstens tüchtiger, einkommensstarker Dolmetscher! Und Jo wollte nicht glauben, dass auch sein zweiter Einspruch gegen seine Einberufung abgewiesen werden könnte. Was er konnte, hatte er ins Feld geführt: den mit 13 Jahren erlittenen Bandscheibenschaden und die noch nicht gänzlich beendete, aber unverzichtbare Anschlussausbildung zum Dolmetscher und Übersetzer in Französisch.

Der Plan wäre so richtig gut gewesen.

Außerdem wollte er, schon aus grundsätzlichen Erwägungen, überhaupt nicht zur Bundeswehr. Seine Kindheit hatte er in Ruinen des eben beendeten 2. Weltkriegs verbracht; sein Spielplatz war auf der Straße gewesen, in den Überresten zerschossener und zerbombter Häuser. Menschen, die auf Krücken und in notdürftig zusammengezimmerten Rollstühlen scheinbar ziellos durch die Stadt zogen, auf der Suche nach ihrer heilen Vergangenheit oder einer gestaltbaren Zukunft, hatten sein Weltbild geprägt. Jo war sich sicher, dass die Menschheit angesichts dieser erlebten Katastrophe nicht mehr versuchen würde, ihre künftigen Konflikte mit der Waffe zu lösen.

Um sich vor einer Einberufung zu den Streitkräften zu schützen, hatte er sich bei der Musterung – wenn's denn schon unvermeidbar war, einen Dienst am Staat zu leisten – für den Einsatz beim BGS, dem Bundesgrenzschutz, entschieden. Da galt es nur, die Grenzen zu schützen, in Friedenszeiten und im – wie er meinte – legitimen Interesse, seinen Staat vor ungesetzlichen Grenzübertritten zu schützen. Er hatte sich das von einem Freund erklären lassen, den die Vorstellung geplagt hatte, als Soldat irgendwo in der Welt in eine militärische Auseinandersetzung hineingezogen zu werden, auf Menschen zu schießen oder sein eigenes Leben zu riskieren, weil irgendwo die Politik versagte.

„Als Grenzschützer sitzt du entweder am Flughafen und kontrollierst Pässe, oder du läufst Streife an der innerdeutschen Grenze. Dass du da in eine Situation kommst, auf irgendwen schießen zu müssen, ist wirklich äußerst unwahrscheinlich. Auf wen denn auch? Einen, der in die DDR flüchten will? Den Schießbefehl gibt es nur auf der DDR-Seite! Als Soldat bei der Bundeswehr ist das anders. Stell dir vor, irgendein Staatschef zettelt einen Konflikt an, der zum Krieg zwischen dem Warschauer Pakt und der NATO auswächst, was machst du dann? Da musst du ran! Und dann rückt die Bundeswehr in die DDR ein. Wohnt nicht auch deine Schwester Sofia dort? Wenn du durch den Zaun auf ihre Familie schießen müsstest – stell dir das mal vor!"

Ach Sofia, seine Schwester. Wäre sie doch bloß im Westen geblieben!

Was sie wohl zu dem Brief vom Kreiswehrersatzamt sagen würde, den er immer noch in den Händen hielt?

1965 hatte sie sich nach kurzer, leidvoll ertragener Ehe während eines Familienbesuchs in der DDR so heftig in einen jungen Grundschullehrer verliebt, dass sie noch im gleichen Jahr die Scheidung eingereicht und im darauffolgenden Jahr ihre Koffer gepackt hatte, um mit Bianca, ihrer kleinen Tochter, in den anderen Teil Deutschlands überzusiedeln.

Mit seiner Schwester war Jo schon seit jeher in enger geschwisterlicher Beziehung verbunden gewesen. Auf eine gewisse Art hatten sie damals ein ähnliches Schicksal geteilt und in dieser Zeit herausgefunden, dass sich dieses besser gemeinsam bewältigen ließ.

Sofia war das unwillkommene Mädchen, und der knapp drei Jahre jüngere Jo war der nicht bestellte Nachzügler gewesen. Der ältere Bruder, ja, der galt als Wunschkind, in jeder Hinsicht. Ein Junge, Stammhalter, Träger der besten Gene, die seine Eltern zu vergeben hatten.

Bisweilen ergaben sich unter den Geschwistern kurzzeitig unterschiedliche Koalitionen; dann verbündeten sich die beiden Großen gegen den Kleinen. Oder wenn die Jungs mal wieder entdeckt hatten, dass Mädchen blöd sind, nicht mal Fußball spielen konnten und sich stattdessen stundenlang mit ihren doofen Puppen unterhielten, hieß es eben, Jungs gegen Mädchen.

Doch immer wieder waren es Sofia und Jo, die zusammenhielten.

Es hatte mal wieder Streit mit den Eltern wegen des Essens gegeben. Schon eine gute Stunde lang hatte Sofia vor dem Teller mit den verhassten Speckstücken gesessen, und Jo hatte lange gegrübelt, wie er ihr helfen konnte, damit sie endlich wieder mit ihm spielen konnte. Auch er hasste Speckstücke, hatte sich aber überwinden können, die seinen hinunterzuwürgen. Dann hatte er eine Idee. „Ich kann deinen Speck wegzaubern, soll ich?" Und bevor Sofia antworten konnte, steckte er sich Sofias Speckstücke in den Mund, eins nach dem anderen. Sofia rief „fertig!", brachte zum Beweis ihren leeren Teller in die Küche und durfte nun ihrem kleinen Bruder in den Garten folgen. Sie fand ihn vor der Hundehütte, sah den Hund und wusste augenblicklich, warum der vor Freude mit dem Schwanz wedelte und sich genüsslich die Schnauze leckte!

Der kleine Zauberer saß da und strahlte seine Schwester an.

1964

Als der ältere Bruder als junger Erwachsener das Elternhaus verließ, rückten Sofia und Jo noch enger zusammen. Jetzt mussten die geschwisterlichen Kräfte gegen die mütterliche Herrschaft gebündelt werden, zumal die Kinder diese zunehmend als ungerechter und liebloser empfanden. Unter den Geschwistern gab es nun keinen Streit mehr. Sie fühlten, wie sie einander Hilfe und Trost geben mussten.

Es dauerte nicht einmal zwei Jahre, da war auch Jos Schwester „ausgeflogen". Sosehr er sich bemühte, sich für sie zu freuen, traf ihn diese neue Entwicklung hart. Mit seinen sechzehn Jahren war er nun unwiderruflich alleine, verlassen; es würde noch Jahre dauern, bis er sich von der Mutter lösen und endlich unabhängig werden könnte.

Sofias Schwangerschaft und Hochzeit waren schnell als Flucht in die vermeintliche Freiheit und Selbstständigkeit erkennbar geworden; die kurzen zwei Jahre der Ehe beschrieb sie als einzigen Leidensweg.

Der „Familienrat", angeführt von der pietistisch strengen Großmutter, reagierte mit Entrüstung auf die Rückkehr der verantwortungslosen, selbstsüchtigen jungen Mutter in ihr Elternhaus.

Sofia brachte Bianca mit, ihre immer strahlende, fröhliche kleine Tochter. Dies war die Zeit, in der sie nur noch Jo auf ihrer Seite wusste. Alle anderen waren der Meinung, sie solle nun gefälligst sehen, wie sie aus diesem Schlamassel selbst wieder herauskomme. Jo kümmerte sich um Bianca, wenn Sofia sich im nahe gelegenen Supermarkt ein paar Mark hinzuverdiente, damit sie und ihr Kind der Familie nicht zu sehr auf der Tasche lagen.

Mit dem Kinderwagen schob Jo seine kleine Nichte durch die Straßen der Stadt. Er zeigte ihr seine Lieblingsstellen im nahen Park und erzählte ihr all die Bruchstücke von Märchen aus seiner Kinderzeit, an die er sich erinnern konnte.

Wenn Sofia besonders verzweifelt war, suchte sie, wie in den Kindertagen, die Nähe ihres jüngeren Bruders. Und verzweifelt war sie oft.

Was sollte aus ihrem Leben werden? Viel zu jung geheiratet, viel zu jung Mutter geworden, viel zu früh geschieden. Und was sollte aus Bianca werden, wenn ihr, Sofia, etwas zustieße?

Sie gingen durch den Park, Sofia mit ihrem Bruder Jo, wenn der gerade keine Schule hatte, und ihrer Tochter Bianca. Der Sommer war vorbei, die Luft des frühen Herbstes strich als leichter Wind durch die Kronen der Bäume und die Schneisen der Büsche, als Sofia unvermittelt stehen blieb. Sie ergriff den Arm ihres Bruders und stellte sich vor ihn, sodass sie ihm in die Augen sehen konnte.

„Jo", sagte sie leise, aber sichtlich bestürzt vom Gedanken, der sie eben heimgesucht hatte, „wenn mir irgendetwas zustößt, kümmerst du dich dann um Bianca? Ich muss das wissen, verstehst du? Ich könnte sie keinem anderen Menschen anvertrauen!"

Ihr Griff wurde noch fester, die Augen noch größer. „Willst du mir das versprechen? Bitte versprich es mir, ja?!"

Jo fühlte, wie Sofias Gesicht vor seinen tränengetrübten Augen verschwamm. Er war erschüttert und sehr berührt, aber er brauchte nicht lange nachzudenken. Sie hatte recht. Da war sonst niemand. Und er hatte sich schon immer für seine kleine Nichte verantwortlich gefühlt, aus tiefem Herzen.

„Ja, Soffi, ich verspreche es dir. Du kannst dich drauf verlassen."

Sofia löste den Griff, sie umarmten sich kurz und fest, gingen schweigend weiter. Aufgewühlt, fest verschlungen in ihrem geheimen Bund.

Nur ihren Bruder Jo hatte sie in ihr großes Geheimnis eingeweiht, das sie vom Besuch bei ihrer neuen Verwandtschaft im anderen Teil Deutschlands mitgebracht hatte.

Es war im Besonderen diese Zeit, die auch im weiteren Leben den so herzlichen und bedachten Umgang der beiden miteinander prägte.

Auch nachdem sie sich Wolfgang anvertraut hatte, dem Cousin ihres nunmehr von ihr getrenntlebenden Mannes.

Zurück zum Schreiben des Kreiswehrersatzamtes.

Seine Mutter, die ihm den Brief vor einer Weile auf den Tisch gelegt hatte, war nicht mehr da. Während er seinen Gedanken nachgehangen hatte, hatte sie beinahe unbemerkt das Zimmer verlassen; jetzt klang in ihm nach, dass sie etwas von einem „Friseurtermin" gemurmelt hatte.

Das war ihm nicht unrecht. Er war lieber allein mit seinem Problem.

Sein Umgang mit der Mutter war erträglicher geworden, seit er einen Beruf ausübte und sein eigenes Geld verdiente. Noch nicht genug, nicht regelmäßig genug, um endlich ausziehen zu können, in eine eigene Wohnung, in sein eigenes Leben.

Jo öffnete den Brief und las ihn bedächtig, Wort für Wort.

Als er damit fertig war, blieb er regungslos am Tisch sitzen und starrte auf das Papier. Dann ging sein Blick durch das Fenster nach draußen, ohne die Umgebung wirklich wahrzunehmen. Die Pläne, die er sich für den Nachmittag ausgedacht hatte, erschienen ihm jetzt ganz banal und sinnlos. Mit einem Ruck stand er auf, lief hin und her, rückte hier an einem Buch und da an einem Bild, dann setzte er sich wieder. Er schlug ein paarmal mit der Hand gegen die Tischkante, dann nochmals fester, und fand, dass der Schmerz ihm guttat.

5. Kapitel:
Erster Rückblick

2000

Jo hatte es sich nach dem Essen in seinem Flugzeugsessel bequem gemacht. Durch das Fenster blickte er lange in die sternefunkelnde Dunkelheit, die ihn jetzt in zehntausend Metern Reiseflughöhe umgab. Die Kabine war auf ein Dämmerlicht herabgeregelt, das leise, gleichmäßige Surren der Triebwerke wirkte beruhigend auf ihn.

Mit seinen Händen wärmte er den etwas zu kalt servierten, tiefdunklen chilenischen Rotwein in seinem Glas und ließ es zu, dass ihn seine Gedanken wieder zurückbrachten, zurück in sein „altes" Leben.

War es die Einsamkeit, die er jetzt ganz besonders fühlte, die nur die allgemeinen, eher oberflächlichen Gedanken an seine jüngere Vergangenheit zuließ? Die das tiefe, nochmalige Durchleben der Schmerzen der letzten Wochen und Tage verhinderte?

Jo war jetzt über fünfzig. Er konnte sich noch genau an frühere Zeiten erinnern, als wäre es nicht zehn, zwanzig oder gar dreißig Jahre her.

Seinen zweiten Berufsweg, dem er nach seiner Bundeswehrzeit in dem Technologiekonzern nachgegangen war, hatte er als erfüllend und erfolgreich empfunden. Der Entschluss, die Arbeit zu beenden und nach anderen Lebensinhalten zu suchen, war ihm nicht leichtgefallen. Mit jedem Tag war ihm klarer geworden, wie sehr er bis dahin sein Selbstverständnis und sein Selbstwertgefühl mit seinem Job verbunden hatte.

Diese Sinnkrise war nicht ganz unerwartet gekommen, und doch hatte er damals unterschätzt, wie tiefgreifend sie auf sein weiteres Leben wirken würde. Was würde die in vielen Jahren erworbene Sachkompetenz noch wert sein, wenn es keine Gelegenheit mehr gäbe, sie im Wettbewerb auf den Prüfstand zu stellen? Und seine Eloquenz, die einen großen Teil seiner anerkannten Überzeugungskraft ausgemacht hatte; was konnte sie bewirken, wenn keiner sie ihm mehr abverlangte?

An der Fleischtheke bei Rewe könnte er ab und zu noch seine Kenntnisse der türkischen Sprache einbringen, wenigstens.

Er hatte sich oft gefragt, wie man mit der wiedergewonnenen Freiheit umgehen sollte und ob das der Anfang vom Ende sei, der ganz normale Beginn eines schleichenden Abbauprozesses für Körper und Geist.

Wenn man das zuließe, resümierte er, dann hatte man sich wohl um sein eigenes Leben betrogen.

Dass er das Seine selbst gestaltet hatte, daran war ihm in all den Jahren nicht der geringste Zweifel gekommen. Seit seiner Entscheidung, die Schulkarriere abzubrechen und seine Zukunft mit seinem erfolgreichen Einstieg in die Übersetzertätigkeit in die eigenen Hände zu nehmen, war er sicher, dass seine Entscheidungskraft, sein Durchsetzungsvermögen und seine Anpassungsfähigkeit ganz wesentliche Größen auf seinem Weg durch seine berufliche Laufbahn gewesen waren.

Es waren doch gerade die eigenen Erfolge, die ihn hatten wachsen lassen. Erfolge waren seit jeher für sein Leben die Munition für diverse Schlachten gewesen, hatten sein Selbstbewusstsein gestärkt.

Mit Unbehagen musste er sich eingestehen, dass er mit Misserfolgen nur sehr schlecht umgehen konnte und dass er da, wo er mangelnde Loyalität vermutet hatte, spontan und nachhaltig mit Rachegedanken reagiert hatte.

Woran würde er sich in den nächsten zehn, zwanzig Jahren seiner „Restlaufzeit" messen?

6. Kapitel:
Bei der Bundeswehr

1969

Jo stellte sich dem Unvermeidlichen und trat am 1. Oktober seinen Militärdienst an. Er rückte in die Kaserne ein, die in den nächsten 18 Monaten sein Leben bestimmen sollte. Er fühlte sich wie in einem falschen Kino, noch dazu in einem Film, den er sich ganz sicher nicht freiwillig angesehen hätte.

Ein letztes Mal ging er die Optionen durch, die er vor diesem Weg zur Kaserne gehabt hatte: Wehrdienst verweigern, stattdessen Ersatzdienst leisten. Die Kommission in der sogenannten Gewissensprüfung zu überzeugen, hätte er sich durchaus zugetraut, aber dann hätte er eine Dienstzeit von 24 statt der 18 Monate Wehrdienst vor sich gehabt! 24 Monate seines Lebens Rollstühle schieben und Altenheimbetten beziehen. So hatte er sich die nächsten zwei Jahre seines Lebens nicht vorstellen mögen.

Doch nun stand er da, vor der Schranke „Fußgängerzugang hier!", mit seinem Koffer, aus dem er noch vor ein paar Stunden den Sand geschüttelt hatte, der von seinem ersten großen, eigenen Sommerurlaub an der Costa Brava im August übrig geblieben war.

Der September hatte sich mit ungewöhnlich niedrigen Temperaturen verabschiedet; ein strammer Herbstwind blies die letzten braun gefärbten Blätter von den kahlgerupften Ästen. Die seit gestern militärisch kurz geschnittenen Haare konnten die Kälte nicht mehr von seinem Kopf abhalten. Das Schütteln, das ihn erfasste, ging durch den ganzen Körper.

Jo gab sich einen Ruck und streckte das Kreuz durch, fingerte mit klammen Händen den Einberufungsbescheid und seinen Personalausweis aus seiner Jackentasche und übergab beides – weisungs- oder schon befehlsgemäß? – dem stahlhelmbewehrten Wachhabenden.

Der warf einen kurzen Blick auf das Formular und dann auf das Bild im Ausweis, hob leicht den Kopf, um unter der Stahlhelmkante das Gesicht des Rekruten erkennen zu können. Er fand dessen Namen auf seiner Liste, gab die Dokumente zurück, öffnete die Schranke und wies den Neuankömmling an, sich der Gruppe Zivilisten auf dem „Antreteplatz da links, vor dem gelben Gebäude mit der Bundesflagge, können Sie die sehen?" anzuschließen.

Jo passierte die Schranke und hatte nun zum ersten Mal in seinem Leben ein Kasernengelände betreten; "seine" Kaserne, von der sein Vater immer gesprochen hatte, wenn er voller Begeisterung von seiner eigenen Militärzeit erzählt hatte? Alles in Jo sträubte sich gegen die Vorstellung, dass dieses Gelände, auf dem er sich schon jetzt, nach ein paar Minuten, wie gefangen fühlte, irgendwann mal „seins" sein könnte. Umgeben von stacheldrahtbewehrten, schier unüberwindbar hohen Mauern, blitzblank gefegten Straßen und Wegen und lang gestreckten Gebäuden, die in ihrem so gnadenlos symmetrisch angeordneten U die völlige Unerwünschtheit von positiven Gefühlen wie Wohlbefinden oder Willkommensein ausstrahlten.

Der Antreteplatz lag zwischen den beiden asphaltierten Straßen, welche die langen Schenkel des U bildeten; er war mit Platten belegt, und das war hilfreich, so erfuhr Jo später, für das schnurgerade Ausrichten der Reihen von Soldatenkörpern beim Antreten. Die Ritzen zwischen den Platten zeigten – auch befehlsgemäß? – keine Spur von Leben; nicht so wie die zerfurchten Bodenplatten vor seinem Schulgebäude, wo sich unentwegt frisch-grünes Unkraut durch bereits verrottetes ans Licht kämpfte. Jo ertappte sich dabei, dass dieser Gedanke ein wohliges, der Situation aber vollkommen unangemessenes Lächeln ins Gesicht zauberte.

Der „Krummfinger", als der er jetzt von Uniformierten bezeichnet wurde, fühlte sich miserabel, wie in einer Zwangsjacke; wie sollte er hier bloß wieder rauskommen? Als er so dastand und sich umschaute, wurde ihm mit einem Mal bewusst, dass er eben am Kasernentor, an der Schranke, seine persönliche

Einzigartigkeit abgegeben hatte: Nicht mehr Josef Baumann würde er sein, sondern Schütze Baumann. Es war vorbei mit der persönlichen Note seiner Kleidung. Vom nächsten Tag an würde er das tragen, was alle trugen, hier in diesem Heer der Gleichen. Uniform eben. Und zwar exakt so, wie es befohlen wurde, wie es in der Trageordnung vorgeschrieben war. Er würde zu genau den Zeiten sein Essen einnehmen, die der Dienstplan dafür vorsah oder die der Vorgesetzte befahl. Er würde auf Kommando still sein, brüllen, singen, gehen, marschieren, rennen oder strammstehen. Und er würde Befehle befolgen, die ihm vollkommen sinnlos oder menschenfeindlich erschienen: erst gehorchen, dann beschweren!

Als er Jahre später von diesem Tag erzählte, staunte er immer wieder, dass er sich in dieser Situation so ganz und gar nicht darüber im Klaren war, dass dies seine ersten Stunden als Vaterlandsverteidiger sein sollten.

„Ich war gerade erst angekommen in meiner Selbstständigkeit, hatte die ersten wichtigen Entscheidungen für mein Leben getroffen und fühlte mich, als ob ich im vollen Lauf gegen eine Wand geprallt wäre. Was hat dieser ganze Albtraum hier mit meinem Leben zu tun?", hatte er sich immer wieder gefragt.

Es dauerte lange, bis er das richtig erkennen konnte.

Ein einziger, täglich neuer und immer schwerer zu ertragender Kulturschock, so schilderte er es den Freunden in verzweifelten Telefonaten. Dort, im Regen an der Telefonzelle stehend, der einzigen für zweihundert Rekruten, ballte sich der Frust über sein Ausgeliefertsein, den Verlust der Selbstständigkeit und entlud sich, wenn er dann endlich den Hörer am Ohr hatte, in schier endlosen Schimpfkanonaden. Jede Kleinigkeit seines Rekrutenalltags wurde zur an ihm, Jo Baumann, begangenen Schandtat, Unflätigkeit oder vollständigen Sinnlosigkeit. Oder zumindest zur Missachtung seiner Persönlichkeit.

„Ihr da draußen", polterte er einmal im Gespräch mit Paule, „könnt euch nicht vorstellen, was das hier für ein Leben ist! Verdammte Unterhemden, im Spind feinsäuberlich auf Kante und DIN-A4-Größe auf Pappe gefaltet und zusammengelegt, blitzblank geputzte Stiefel, in denen du dich spiegeln kannst, und mit diesen Klamotten musst du dich dann bei der Gefechtsübung in den Dreck schmeißen, nur um sie dann erneut stundenlang zu putzen und zu bürsten. Ob du's glaubst oder nicht. Dann kommt dieser geistige Tiefflieger von einem Ausbilder und leert beim Stubenappell deinen ganzen Spind aus, nur, weil ein paar Socken nicht richtig eingerollt waren. Stell dir das vor! Wie? Nein, du kannst nichts dagegen tun, Befehl und Gehorsam nennen sie das. Und wer nicht mitspielt, kommt in den Bau!" Wütend trat er mit seinen Kampfstiefeln gegen die Tür der Telefonzelle, dass es nur so krachte. Den Beulen und Dellen an der mit Blech verstärkten Türeinfassung nach zu urteilen, war das wohl nicht deren erster Kontakt mit genagelten Armeestiefeln. „So ein elender Mist. Und das Schlimmste ist, die Zeit geht nicht vorbei! Ich kann's kaum erwarten, bis sie uns im übernächsten Monat endlich mal für ein Wochenende in die Freiheit rauslassen. Dabei weiß ich gar nicht, ob ich mich mit dieser Frisur überhaupt unter Menschen traue. Ich sehe aus wie ein gottverdammter Konfirmand! Das war das Erste, was die mit mir gemacht haben, als ich hier eingerückt bin: die Haare kurz geschnitten, verstehst du? Kurz. Fassonschnitt. Und das, nachdem ich eine Woche vor dem Einrücken schon beim Friseur gewesen war."

Ganz nah und gegenwärtig war ihm noch die tragische Geschichte aus dem Musical „Hair", von dem er so begeistert war, dass er es gleich mehrmals besucht hatte. Die Einberufung des fröhlichen Hippies Claude Hooper Bukowski zum Militärdienst war Höhepunkt und zugleich unvermitteltes Ende eines wunderbaren Lebens in einer Kommune von Gleichgesinnten. Prachtvoll wallendes Haar war dieser Generation Zeichen einer – ihrer – grenzenlosen Freiheit, die sie auch in farbenfroher, fantasievoller Kleidung ausdrückte. Haarschnitt hatten nur Leibeigene und Sklaven zu erdulden!

„Ich hab' wirklich keine Lust, mich da draußen zum Gespött zu machen. Du weißt doch, bei Hair wurde der Typ unsichtbar, nachdem ihm der Kasernenfriseur brutal die Haare auf Streichholzlänge gekürzt hatte. Kannst du dir das vorstellen? Dass ich hier drin bin, ist alleine schon schlimm genug. Nein,

Briefe schreib ich hier nicht, bin viel zu wütend dazu. Das verstehst du doch, oder? Ich ruf dich nächste Woche wieder an. Lass dir's gut gehen und grüß die Kumpels von mir. Und die Wirtin vom Grünen Eck!"

Mit fünf weiteren Rekruten teilte sich Jo eine „Stube". Die Wehrpflicht hatte sie zu dieser Gemeinschaft von Jungmännern zusammengeführt, die nun mindestens für die Dauer der Grundausbildung, also drei Monate lang, miteinander auskommen mussten. Meist auf engstem Raum und 24 Stunden am Tag.

In der Stube gab es drei Doppelstockbetten, neben denen jeweils zwei Spinde standen. Ein Holztisch mit sechs Stühlen komplettierte das Mobiliar. In der Ecke hinter der Tür gab es ein Handwaschbecken mit sechs Wandhaken für Handtücher. Daneben ein Besen, eine Kehrschaufel und einen Mülleimer.

„Hallo Kameraden!", begrüßte man sich, als die Stubenbesatzung, einer nach dem anderen, einrückte. Man machte sich bekannt: Woher? Wehrpflichtiger oder Zeitsoldat? Wer nimmt welches Bett, welcher Spind gehört dazu?

Nur drei waren direkt aus München, zwei hatten ihre Familien in Franken, einer im Saarland. Was ihnen beim Einräumen ihrer Ausrüstung und Bekleidung und bei jedem unvorsichtigen Rempler schnell klar wurde: Sie würden lernen müssen, die Eigenheiten von fünf ihnen vollkommen unbekannten Menschen, deren Geräusche, Gerüche zu ertragen und bei aller Unterschiedlichkeit zu einer Einheit „Stube 41" zu werden.

Die tägliche Wirklichkeit gab unwillkommene Lernhilfen: Beim ersten Stubenappell war dem prüfenden Unteroffizier vom Dienst aufgefallen, dass der Kamerad aus dem Saarland seine Hemden nicht ordnungsgemäß gefaltet in seinem Spind verstaut hatte. Im nächsten Spind fanden sich in den Profilsohlen der Kampfstiefel noch Reste des aufgeweichten Feldweges, auf dem die Kompanie am vierten Tag ihres Ausbildungsprogramms das Marschieren im Feld geübt hatte.

Die gesamte Stube wurde mit einem Sonderappell am Sonntag bestraft, der eigentlich der bis dahin erste dienstfreie Tag hatte werden sollen!

Einer der Stubenbesatzung ertränkte seinen Ärger schon am Sonntagmorgen in reichlichen Mengen Bier; der folgende Appell endete in einem Befehl für die Ableistung dreier Platzrunden „im Laufschritt, marsch, marsch!", in voller Kampfausrüstung und mit anschließendem Kleiderappell. Natürlich wieder für die gesamte Stube 41.

So kann's nicht weitergehen, darin war man sich danach unter den Stubengenossen einig; nicht aber, wie solche Situationen künftig zu vermeiden seien. Jo schlug vor, gemeinsam noch einmal die entsprechenden Dienstvorschriften durchzugehen und sie so gut wie möglich einzuhalten. Jeder sollte sich ein Kapitel vornehmen und dann wollte man in einem stubeninternen Probeappell jede Kleinigkeit penibel definieren und ausführen.

Als dann die Stuben aufgefordert wurden, ihren jeweiligen Sprecher zu wählen, waren sich die anderen fünf einig.

Jo nahm die Wahl an.

Der ganze Oktober war der Vermittlung soldatischer Tugenden und Fertigkeiten gewidmet. Lernen fürs Leben als Vaterlandsverteidiger: Welcher Dienstgrad entspricht dem Marinekaleu beim Heer? Was bedeuten drei Streifen und ein Diagonalbalken am Ärmel eines Mannschaftsdienstgrads? Warum heißt das Kommando „Augen rechts!" aber „die Augen links!"??? Und wie viel Schuss pro Minute verlassen das Gewehr G3 bei Dauerfeuer?

Formalausbildung, Infanteriegefechtsausbildung, Waffenausbildung, „Innere Führung". Letztere vermittelte und vertiefte das Wissen über die „hinterhältigen Strategien des Feindes aus dem Osten" – Russen durfte man nicht mehr sagen – durch Infiltration, geradezu unmoralische Agentenanwerbung und ähnliche subversive Eingriffe in die Souveränität der Demokraten westlicher Prägung, um das System der sogenannten „BRD" zu destabilisieren.

Bei einer Manöverübung an einem verregneten Novembertag war im Marsch durch einen Fichtenwald plötzlich „Hinlegen mit Gewehr in Vorhalte" befohlen worden. Jo landete inmitten einer ungewöhnlich tiefen Pfütze, fluchte unüberhörbar, als der Schlamm auf Höhe der Handgelenke in die Ärmel des Kampfanzugs schwappte, um dann nasskalt an den Unterarmen entlang in die Ellenbeugen zu sickern. Auch vom Kameraden neben ihm kam eine wahre Schimpfkanonade, es ging ihm wohl genauso. Nicht genauso, rumorte es in Jo, denn der kassierte als Zeitsoldat „Zett Zwo" für den gleichen Schlamm eine monatliche Vergütung in Höhe von 463 Mark. Jo hatte sich als Wehrpflichtiger mit einem „Taschengeld" von gerade mal 104 Mark zufriedenzugeben. Das wurmte ihn gewaltig, und ein Gedanke trieb ihn während der folgenden Tage um: Wenn er nach 18 Monaten Dienstzeit in diesem Verein wieder rauskäme, wäre sein guter Job als Wertpapierdolmetscher sicherlich weg, und er müsste ohne einen Pfennig noch einmal ganz von vorne anfangen. Ob da jetzt tatsächlich sechs weitere Monate viel ausmachen würden? Oder einfacher: Wie viel dümmer ist man – voraussichtlich – nach 24 Monaten im Vergleich zu 18 Monaten beim „Bund"? Auf jeden Fall könnte man als Z2 in dieser Zeit schon mal ein paar Mark auf die Seite legen und am Ende der Dienstzeit eine Abfindung mitnehmen, davon vielleicht ein Auto kaufen oder eine Wohnung einrichten, die erste eigene.

Jo beschloss, das Ende der Grundausbildung abzuwarten und dann seine Entscheidung zu treffen. Müsste er danach weiterhin in diesem Truppenteil, „Erster Zug", bleiben – und das wollte er sich keinesfalls antun –, wäre das gleichbedeutend mit 18 Monaten und keinen Tag länger.

Als Wehrpflichtiger Zeit irgendwie rumkriegen, Entlassung als Schütze oder Gefreiter, so wäre das vermutete einfache Programm für diese „Variante".

Aber nicht in diesem „Ersten Zug" mit einem Ausbilder, der im Ruf stand, in der nun folgenden „Vollausbildung" aus den „Weicheiern von Rekruten" mit unbarmherziger Härte „richtige Landser" zu machen. Sollte er unter den Glücklichen sein, die zur Versetzung in den „2. Zug der Kompanie" und damit zu einem vergleichsweise menschlichen Ausbilder ausgewählt wurden, könnte man es wagen: sich auf zwei Jahre Z2 verpflichten, Lehrgänge machen, dem Truppendienst entkommen, das Hirn wachhalten, vielleicht sogar eine Karriere als Reserveoffizier anstreben, an der Startrampe für die Rückkehr ins zivile Leben basteln. Vielleicht wäre das sogar ein Weg, dem fehlenden Abitur im Lebenslauf etwas entgegenzustellen.

Natürlich würde er für dieses Ziel seine bis dahin wenig konstruktive Grundeinstellung zum Wehrdienst ändern müssen. Seine Vorgesetzten müssten sehen können, dass der Schütze Baumann das richtige Potenzial hatte und Anstrengungen machte, sich deutlich mehr als ein gezwungenermaßen eingezogener Wehrpflichtiger als Soldat einzubringen.

Es lag an ihm, sich für seine Strategie starkzumachen, sich Chancen zu erarbeiten und seine Möglichkeiten zu nutzen.

7. Kapitel: Bundeswehr, die Karriere

1970

Jo fühlte sich nicht nur in seiner Abwägung bestätigt, sondern empfand es durchaus auch als Glück, was den ehemaligen Rekruten da am letzten Tag der Grundausbildung in der Kompanieinformation bekannt gemacht wurde: Er war bei den Auserwählten, die versetzt wurden!

Und nicht genug damit: Es waren wohl, so erfuhr er unter der Hand von seinem Kompanieoffizier, auch seine Bemühungen in den theoretischen Unterrichtsteilen gewesen, die seine Vorgesetzten beeindruckt hatten, und seine aktenkundig hinterlegte „höhere Schulbildung", die ihm zu der begehrten Position „Leiter der Truppenbücherei" verhalf! Man hatte wohl einfach unterstellt, gab der Kompanieoffizier mit breitem Grinsen zu, dass ein solcher Bildungsgrad ein irgendwie vertrautes Verhältnis zu Büchern beinhalte.

Das ermöglichte ihm, unbehelligt und unbeanstandet von den Beauftragten für die „Vollausbildung" der nächsten drei Monate, seinem Lesevergnügen nachgehen zu können. Und mehr noch: Es gehörte zu seinen ausdrücklichen Pflichten, die Neuerscheinungen auf dem Büchermarkt zu sichten, auf Verwendbarkeit für die Truppe zu prüfen und gegebenenfalls dem Kommandeur als Beschaffungsempfehlung vorzuschlagen. Das traf sich insofern ausgezeichnet, als er im „Zweitjob" auch noch Kommandeursfahrer war, also ausreichend Gelegenheit hatte, ihn für seine Bücherauswahl einzunehmen.

Jo war guter Dinge. So könnte man den sonst so unvermeidlichen Kollateralschaden an der eigenen Denkfabrik zumindest eingrenzen.

Der beantragten Übernahme zum Z2 wurde umgehend zugestimmt.

Jo verstand sich gut mit dem Kommandeur, „seinem" Major; er fühlte sich bestätigt und wahrgenommen, insbesondere dann, wenn ihn dieser gelegentlich zur Abwägung einer „Führungsentscheidung" um seine Meinung bat. Man hatte ja tatsächlich wenig zu tun mit dem gemeinen, Truppendienst treibenden, verschwitzten, tarnverschmierten Soldaten.

Auch machte er deutlich, dass er den Zweck und Nutzen einer anspruchsvoll ausgestatteten Truppenbücherei sehr hoch einschätzte. „Unsere Führungsaufgabe in der Bundeswehr beinhaltet auch, Verantwortung für die geistige Rüstung der Soldaten wahrzunehmen und sie zu mündigen Staatsbürgern in Uniform zu machen. Da muss eine gute Ergänzung zur Infanteriegefechtsausbildung und zum Kompanieunterricht her. Es ist Ihre Aufgabe, Gefreiter Baumann, dafür zu sorgen, dass die Truppe dieses Angebot annimmt. Machen Sie also was draus, Sie haben's drauf, das weiß ich!"

Jo machte sich unverzüglich ans Werk.

Seine ersten Tage als Leiter der Truppenbücherei verbrachte er mit der Bestandsaufnahme. Er hielt sich nicht lange damit auf, sich vorzustellen, wie es möglich gewesen war, mit dem, was er da vorfand, eine Bücherei zu betreiben. Bücher lagen kreuz und quer auf windschiefen Holzregalen und in Kartons. Alles, was er fand, stellte er in mehreren Reihen auf den Fußboden, unsortiert zunächst. Es gab eine Bestandsliste, geordnet nach Titeln, aus der er zunächst alle Exemplare als Abgang vermerkte, die offensichtlich in schlechtem Zustand waren: abgegriffen, fleckig, fehlende Seiten, gerissene Rücken, gelöste Deckel. Mehr als die Hälfte des Bestandes wurde so aussortiert, und von den Übrigen musste er noch einmal einen Großteil als für eine Truppenbücherei unbrauchbar verbannen.

Obwohl im abgelaufenen Jahr kaum noch Bücher ausgeliehen worden waren, hatte eine beträchtliche Anzahl der ausgegebenen Exemplare nicht mehr den Weg zurück in die Bücherei gefunden. Es gab weder systematische Aufzeichnungen über Zu- und Abgänge von Büchern noch über Ausgaben und Rückläufer, sondern lediglich die unkommentierte Anzahl der Bücher jeweils am Jahresanfang und Jahresende.

Zwei Monate nach ihrer zeitweiligen Schließung konnte Jo die Eröffnung einer vollkommen neuen Truppenbücherei ankündigen. Er hatte sich in Umfragen unter den Kameraden Anregungen und Vorschläge für die Administration der Bücherei und ihr neues Sortiment geholt, die Räume und Abläufe „kundenfreundlich" gestaltet. Es war ihm gelungen, seinen Vorgesetzten für eine gemütlich eingerichtete Schmökerecke zu begeistern und das notwendige Budget dafür zu sichern. Als Information für die Nutzer gab er monatlich eine kleine Zeitung heraus, in der er Kurzberichte, Kommentare und Empfehlungen aus der Welt der Literatur zusammenstellte, die er namhaften Zeitschriften entnommen hatte. In Umfragen konnten die Leser daraus für die Beschaffung von jeweils drei neuen Titeln stimmen, die den größten Zuspruch erreicht hatten. Das sprach sich in der Truppe herum und führte zu wachsender Beliebtheit der Bücherei. Der vorher übliche, aber nie genauer erfasste Bücherschwund ging durch ein besseres Kontrollsystem deutlich zurück, und alle ausscheidenden Soldaten, die während ihrer Dienstzeit Nutzer der Truppenbücherei gewesen waren, erhielten bei der Entlassung eine Broschüre über ihre Kaserne, deren Geschichte und über „ihre Truppenbücherei".

Schon nach ein paar Wochen in seiner neuen Funktion überraschte ihn sein Major mit der Mitteilung, dass er ihn zur Teilnahme am nächsten Unteroffiziersanwärterlehrgang angemeldet habe.

Eine bessere Gelegenheit für einen Besuch bei seinem Kompaniechef konnte sich Jo kaum vorstellen; jetzt galt es, die entscheidenden Weichen zu stellen!

Schon einen Tag später wurde Jo dort vorstellig und überreichte ihm sein handgefertigtes Schreiben: Der Antrag auf Übernahme in die Reserveoffizierslaufbahn.

Mit ihm, „seinem" Oberleutnant, dem Kompaniechef, hatte sich Jo noch nie gut verstanden, warum, wusste wohl keiner von beiden so richtig.

Oberleutnant Busse thronte inmitten seiner Diplome und Urkunden, die fein säuberlich hinter Glas in schmalen, schwarz geränderten Metallrahmen und auf Zentimeter nach Höhe und Seite an der Wand seiner Amtsstube ausgerichtet waren. Er prüfte das Schreiben kurz und reichte es Jo mit einem süffisanten Grinsen zurück: „Da haben wir uns wohl ein wenig übernommen, Gefreiter Baumann." Kurze rhetorische Pause. Tiefes Durchatmen, leicht spöttischer Gesichtsausdruck, ansteigende Lautstärke: „Ohne Abitur geht da gar nichts!"

Genau darauf hatte Jo sich vorbereitet: „Wenn ich da widersprechen darf, Herr Oberleutnant", erwiderte er, betont gesetzt, „... oder ersatzweise mit Oberstufenreife und abgeschlossener Berufsausbildung." Oberleutnant Busse hatte inzwischen die Akte „Baumann, Josef" aus seinem Aktenbock herausgefingert und fand darin auf Anhieb das Diplom, löste es aus der Klammer und warf noch einmal – wohl um sich selbst zu versichern – einen kurzen Blick auf die zweite Seite.

„Das nennen Sie ‚abgeschlossene Berufsausbildung', Gefreiter?", rümpfte er die Nase und wedelte verächtlich mit dem Dokument. „In Ihrem Diplom hier steht es doch klar und deutlich," er unterbrach sich, rückte mit spitzen Fingern, beinahe theatralisch, seine Lesebrille weiter die Nase hinauf, „ich zitiere: ‚... ist der Absolvent geeignet'. Also da fehlt doch noch was, oder?" Busse ließ sich demonstrativ und triumphierend in seinen Chefsessel fallen und fixierte seinen Untergebenen aus zusammengekniffenen Augen. Jo hielt dem Blick ohne erkennbare Regung stand und zögerte keinen Moment mit seiner Antwort: „Sollte Ihre Ansicht richtig sein, Herr Oberleutnant, meine Berufsausbildung also nicht als abgeschlossen gelten, dann hätte mich die Bundeswehr nicht zum Grundwehrdienst einziehen dürfen." Genüssliche Pause, dann bewusst bedeutungsvoll: „Diese Frage müsste dann in einem Gerichtsverfahren, Baumann gegen die Bundesrepublik Deutschland, geklärt werden."

Diese Feststellung traf den Kompaniechef vollkommen unerwartet. Er riss seine Augen auf und rang nach Luft, bis seine Hand, die immer noch das Diplom am ausgestreckten Arm hielt, schließlich zur Faust geballt mit dem Dokument auf die Schreibtischplatte krachte. „Sie werden von mir hören!", brüllte er, dann: „Wegtreten, Gefreiter Baumann!" Er erhob sich mit einem Ruck, drehte ihm den Rücken zu und riss das Fenster auf. Der Lärm der auf der Straße vor dem Gebäude singend, nein, grölend und stiefelstampfend vorbeimarschierenden Kompanie verschluckte Jos Abmeldung: „Jawohl, Herr Oberleutnant!"

Als Jo die Tür hinter sich schloss, war er zufrieden, nein, sehr zufrieden mit diesem vorläufigen Ergebnis des Gesprächs, hatte ihm doch sein strategisches Vorgehen zwei brauchbare Optionen eröffnet; er würde in aller Ruhe überlegen, was sich daraus machen ließe.

Den Lehrgang in Hamburg empfand Jo nicht als intellektuelle Herausforderung; auch das sportliche Ziel – Sportabzeichen, mindestens in Silber – war nach den drei Monaten der konditionsfördernden Grundausbildung gut erreichbar; nur mit dem Schwimmen haperte es. Jo hatte nur Brustschwimmen gelernt, verfügte als Autodidakt nicht über die zeit- und kraftsparende Kraultechnik. Es ging nur um wenige Punkte, die ihm nach Absolvierung aller Disziplinen zum „Silbernen" fehlten.

Jo lief im Kasernenhof auf und ab; er haderte mit sich und war verärgert, dass er in den anderen Disziplinen nicht mehr „Sicherheitspunkte" herausgeholt hatte. Er wusste nur zu gut, dass dieser Patzer ihm zum Verhängnis werden konnte. Sosehr er sich auch die Haare raufte, ein Ausweg aus diesem Dilemma musste her! Es ging darum, die aufgebauten Optionen im Spiel zu halten.

Er wandte sich an seinen Ausbildungsleiter, um herauszufinden, ob bzw. wie dieser Reinfall noch abgewendet werden könnte. Jos Akte wurde aus dem Haufen gezogen, der den Schreibtisch großflächig einnahm. Der Ausbildungsleiter warf einen Blick auf das Blatt mit den bisher dokumentierten Gesamtergebnissen des Gefreiter-Unteroffiziersanwärter-Auszubildenden; seine Aufmerksamkeit wurde auf einen Vermerk im Protokoll gelenkt, den Jo Baumann – sehr zu seinem Bedauern – von seinem Blickwinkel aus nicht einsehen konnte, zumal der Ausbildungsleiter nach einem längeren Blick die Akte etwas steiler stellte und näher an sein Gesicht hielt.

„Ich werde das prüfen, Gefreiter Baumann, sehen Sie nachher noch einmal auf Ihren Dienstplan für morgen." Ohne von der Akte aufzublicken, schnarrte er: „Wegtreten, Gefreiter Baumann!"

Nach dem Abendessen fand Jo auf seinem Dienstplan folgende Änderung: „Als Ergänzungsdisziplin zur Erreichung des Sportabzeichens wird für morgen die qualifizierte Absolvierung eines Zehntausend-Meter-Laufs befohlen. Start: 10:00 Uhr."

Man konnte deutlich sehen, mit welcher Erleichterung Jo diese Nachricht aufnahm: Langstreckenläufe waren neben dem Weitsprung seine stärkste Disziplin.

Er suchte aus dem Leistungskatalog die Zeit, die er zu laufen hatte, und war sich sicher, dass er hierfür keine gesonderte Vorbereitung brauchte. Er machte noch etwas Gymnastik, lockerte seine Beinmuskeln und ging früh ins Bett.

Am nächsten Morgen wachte er erfrischt auf und ging voller Zuversicht in diesen ruhigen, trockenen Spätherbsttag, den er ideal für sein Vorhaben fand.

Und tatsächlich: Mit einer Zeit von 46 Minuten und 10 Sekunden schloss er den Lauf ab. Ein Blick zu seinem Ausbildungsleiter, der am Bahnrand höchstpersönlich die Zeit nahm, schaffte Gewissheit: Er hatte es doch noch geschafft! Fünfzig Minuten wären das Soll gewesen.

Jo war zufrieden mit sich und der Welt, rubbelte sich mit dem Handtuch die schweißnassen Haare trocken, packte seine Laufschuhe in die Sporttasche und schlenderte gemütlich und guter Dinge über den Kasernenhof zu seiner Unterkunft.

Schon am Tag nach seiner Rückkehr in seine Heimatkaserne wurde er zu seinem Kompanieoffizier gerufen.

Als er eintrat, hatte Jo den Eindruck, dass Oberleutnant Busse zwar in seine Richtung schaute, aber sehr bemüht war, einen direkten Augenkontakt mit ihm zu vermeiden. Er eröffnete ihm ohne Umschweife, dass er, Baumann, sich im Lauf der Woche zu einer Sicherheitsüberprüfung beim Militärischen Abschirmdienst Deutschlands, kurz: MAD, in der Standortkommandantur einzufinden habe. „Genauer Termin wird noch bekannt gegeben."

Eine weitere Erklärung gab er nicht, blieb sitzen und wandte sich grußlos wieder den nach Höhe sortierten Papierstapeln auf seinem Schreibtisch zu. Auf ein angedeutetes Handzeichen seines Vorgesetzten hin verließ Jo – nach militärisch korrekter Abmeldung – das Büro.

Er hatte davon gehört, dass Bewerber für die Laufbahn des Reserveoffiziers durch diese Mangel beim MAD gedreht wurden, um deren persönliche, charakterliche und politische Eignung festzustellen.

Die Prüfungskommission stellte Fragen, allgemeine und natürlich auch solche, bei denen es um Jos Beziehung zu seinen Verwandten in der „SBZ" ging.

Jos Schwester Sofia lebte mit ihrem zweiten Mann und ihrer kleinen Tochter Bianca aus erster Ehe in Thüringen. Jo berichtete wahrheitsgemäß, dass er seine Schwester, zu der er ein sehr enges, vertrautes Verhältnis pflege, an ihrem neuen Wohnort regelmäßig besucht habe. Mindestens einmal im Jahr. Er berichtete auch über ihren Mann, Wolfgang Bacher, seinen Schwager. Dieser war der Spross einer Dynastie von „Intelligenzlern" – wie sie im SBZ-Jargon genannt wurden –, bestehend aus Hochschulabsolventen, Doktoren und Professoren. Er beschrieb ihn als einen integren Menschen, den er als einfühlsamen Gatten seiner Schwester und liebevollen Vater, nicht nur des gemeinsamen zweiten, sondern auch des angenommenen ersten Kindes, kennen und schätzen gelernt hatte.

Nein, man habe sich geeinigt, bei diesen Besuchen grundsätzlich nicht über Politik zu sprechen, nicht zuletzt aus Rücksicht auf das frühere Leben seiner Schwester als Bürgerin der „BRD".

Überraschungen oder gar Schwierigkeiten gab es in dieser Überprüfung nicht. Alles, was er der Kommission gesagt hatte, war wohl als plausibel und zufriedenstellend erachtet worden.

Jo erzählte seiner Mutter am Telefon, wie problemlos er auch diese Hürde genommen hatte. Was er ihr nicht erzählte, war, dass er sich durchaus im Klaren darüber war, hier einem Geheimdienst Rede und Antwort gestanden zu haben.

„Du weißt ja", versuchte er zu beschwichtigen, „wie das so ist bei der Armeeführung: Die lassen sich nicht in die Karten schauen." Anders konnte er sich nicht erklären, warum keiner der Prüfer Näheres über seinen Schwager hatte wissen wollen. Dessen familiären oder beruflichen Hintergrund, seine Freunde, den Umgang mit Kollegen, das wäre doch das, was Geheimdienste nach landläufiger Ansicht so wissen wollten.

Auch die feuchten Hände, die er dabei des Öfteren gehabt hatte, erwähnte er der Mutter gegenüber nicht.

„Ich habe mit Sofia telefoniert", erzählte diese schon am nächsten Tag. „Sie ist sehr erleichtert, dass ihre Existenz als ‚DDR-Verwandtschaft' für deine weitere militärische Laufbahn offenbar nicht als Hindernis gesehen wird."

Aber natürlich war besonders die Schwester besorgt, dass damit auch die Aussicht auf einen baldigen Besuch des Bruders wie eine Seifenblase zerplatzen könnte.

Kein Besuch mehr, zumindest nicht bis zum Ende der aktiven Dienstzeit ihres Lieblingsbruders. Wahrscheinlich nicht mal mehr Post von ihm!

Und die Mutter berichtete von einem zweiten Anruf am gleichen Tag.

Der hörte sich merkwürdig geheimnisvoll an, und der Anrufer bat darum, Sofia davon nichts – unter keinen Umständen! – zu erzählen. Der Anrufer wollte bei ihr keine zusätzlichen Ängste schüren, aber von Jos Mutter wissen, was das denn nach ihrer Einschätzung für Jos künftige Besuche in der DDR – möglicherweise! – zu bedeuten hätte.

Es war Wolfgang Bacher.

8. Kapitel:
Wolfgang Bacher

1965

Wolfgang Bacher, ein junger Lehrer in der thüringischen Provinz, lebte in bescheidenen Verhältnissen. Nach dem Studium hatte er sich mit großer Begeisterung seinem Traumberuf als Grundschullehrer zugewandt.

Seine Familie war entsetzt.

„Und dafür lassen wir dich fünf Jahre auf der Uni studieren?", polterte sein Vater. Und die Mutter ergänzte, händeringend: „Das hättste auch nach zwei Jahren Fachausbildung haben können!" Die Brüder hielten Kopfschütteln und Abwinken für einen angemessenen Kommentar.

Das zeigte Wolfgang deutlich und einmal mehr, dass er auf dem für ihn richtigen Weg war. Seine Familie hingegen gab sich wieder einmal zutiefst enttäuscht. In ihrer Geringschätzung für die Entscheidungen des „Kleinen" schwang immer auch das Unverständnis für das mit, was nach ihrer Sicht die vollkommen unangemessene Verweigerung war, sich in den Dienst der sozialistischen Staats- und Gesellschaftsordnung zu stellen. Es gab eben in ihrem Denken keine vernünftige Erklärung dafür, dass er mit seinem abgeschlossenen Studium die Lehrqualifikation für alle Schulstufen erworben, sich aber dann doch für diese Stelle zum Unterrichten in der Unterstufe entschieden hatte. In diesem kleinen, dörflichen Vorort von Greiz, von dem Außenstehenden nur bekannt war, dass dort im Wesentlichen nicht mehr als drei Familien – Sozialismus oder nicht – das Leben der Dorfgemeinschaft bestimmten. Das war historisch gewachsen, wie in der Chronik nachzulesen war: drei Großbauern, die sich immer nur in einem Punkt einig waren, nämlich, sich in nichts jemals einig zu sein.

Das politische Leben reflektierte diese Besonderheit. Wo keine gemeinsamen Beschlüsse zustande kamen, übernahm die Ortsgruppe der Einheitspartei die Entscheidungsfindung. So berichtet der Chronist. Außerdem war jeder Bürger darüber im Bilde, was er von seinem Nachbarn politisch zu halten hatte, worüber man sprechen konnte, welche Themen man besser mied. Hatte man einen Mitbürger als mutmaßlichen Stasispitzel ausgemacht, wurde diese Person geächtet. In seiner Gegenwart herrschte dann unbarmherziges, aber dennoch strafloses Schweigen.

Das beeindruckte Wolfgang.

Seine kleine „Zweiraumwohnung", die er in der Nähe der Schule gefunden hatte, war mit einfachsten Mitteln eingerichtet. Es war ihm wichtig, erzählte er den Nachbarn, mit denen er sich schon bald nach seinem Einzug anfreundete, dass es kuschelig und gemütlich in seinem Refugium war.

Wenn er Besuch bekam, waren es anfangs noch die Kommilitonen aus der Studienzeit in Jena. Aber die fanden immer seltener den Weg zu ihm in die tiefe Provinz nach Gommla. Später waren es meist Kollegen, mit denen er in Arbeitskreisen gern alle erdenklichen Aspekte ihres gemeinsamen Berufes diskutierte, immer auf der Suche nach Verbesserungen im System der möglichst kindgerechten Wissensvermittlung. Er organisierte die Einrichtung einer Kinderbücherei und eines monatlichen Filmabends in der Turnhalle.

Die Menschen im Dorf mochten den neuen Lehrer. Sie begegneten ihm mit Achtung und freundschaftlichem Respekt. Das war auch im sozialistischen Teil Deutschlands traditionell so: Der Dorfschullehrer kam im Ansehen der Dorfgemeinschaft gleich nach dem Ortsvorsteher.

Man wusste nur wenig über seine Herkunft, seine Familie. In Jena hatte er gelebt und studiert, so viel hatte er erzählt und dass seine Eltern sehr beschäftigte Menschen seien, die ihn früh in die Selbstständigkeit entlassen hätten.

Er schien angekommen, da, wo er jetzt war, so die einhellige Meinung der Nachbarn. Er habe sich gut und aktiv in die Dorfgemeinschaft eingefunden.

Das Einzige, was er sich in den ersten Jahren geleistet hatte, war ein Motorrad. „Ich würde mich freuen, wenn Sie das alte Ding endlich wieder bewegen würden", mit diesen Worten hatte es ihm sein Nachbar angeboten. „Seit meine Frau vor fünf Jahren gestorben ist und ich die Landwirtschaft aufgeben musste, steht die Maschine im Schuppen. Ich hab' keine Kinder, denen ich das gute Stück vererben könnte, und wenn Sie mir zweihundert Mark dafür geben, gehört sie Ihnen."

Wolfgang ließ sich diese Gelegenheit nicht entgehen. Nicht, dass er sich besonders für alte Motorräder interessierte oder gar begeisterte.

„Zumindest habe ich jetzt auch die Möglichkeit, irgendwo hinzufahren, ohne mich nach dem Bus zu richten", erklärte er seiner langjährigen Freundin Ingrid, als sie ihn auf das Motorrad ansprach.

Es dauerte beinahe zwei Jahre, bis er den Führerschein dafür gemacht hatte. Es war ihm, so der Eindruck seiner Mitbewohner, wohl einfach nicht so wichtig.

Mit Ingrid, einer Erzieherin in der örtlichen Kinderkrippe „Die Waldwichtel", wurde er gelegentlich beim Spaziergang gesehen oder wenn sie, rucksackbepackt, zu einem gemeinsamen Wanderausflug aufbrachen. Bei einem dieser Ausflüge erzählte er ihr, wie gut sich das Leben als Dorfschullehrer für ihn anfühlte; hier durfte er sein, wie er war.

In seiner Herkunftsfamilie hatte Wolfgang schon von Kind an als Sonderling gegolten. Seine Eltern hatten ihn und seine zwei deutlich älteren Brüder in sozialistisch-bourgeoiser Strenge erzogen.

Der Nachzügler fühlte sich oft von der Familie vergessen, hatte Mühe, nicht in der immer wieder erlebten Anonymität seines Kinderlebens verloren zu gehen.

Wie damals, als die Familie sich anschickte, mit der Bahn in den ersehnten und lang geplanten Urlaub zu fahren.

Die Vorfreude auf Sand, Strand und das Meer war bei allen groß. Luftmatratzen, Flossen, Strandmatten und Badesachen mussten gepackt werden, zusätzlich zu dem, was man sonst noch für drei Wochen Jahresurlaub brauchte. „Ich bin froh, dass wir im Sommer verreisen können", scherzte der Vater, als die

Familie am Bahnsteig angekommen war. „Das Zeug für einen Winterurlaub könnten wir drei Männer wahrscheinlich ohne Packesel überhaupt nicht schleppen!" Er schaute aufmunternd zu seinen beiden mit Rucksäcken und Taschen bepackten, großen Söhnen. Er selbst trug sichtlich schwer an den prall gefüllten Familienkoffern, einen links und einen rechts, und nach jedem Schritt schienen seine Arme länger zu werden. „Gut, dass Mutter wenigstens ihre Bücher selbst trägt", sagte er und senkte dabei die Stimme, damit seine Frau, die den Familientross auf der Suche nach der richtigen Abteilnummer anführte, es nicht hören konnte. Aber natürlich hatte sie es gehört, drehte sich im Weitergehen um, lächelte gequält und blieb dann mit einem Ruck stehen.

„Wolfgang? Wooolfgang?", rief sie, sichtlich beunruhigt. „Wo ist denn der Kleine?" Sie sah sich irritiert um, rief seinen Namen wieder und wieder, blickte entsetzt ihren Mann an, der erst jetzt auf dem Bahnsteig, kurz vor dem Einsteigen, bemerkte, dass der Jüngste nicht bei der Familie war.

Der Vater hatte ihn, damit er im Durcheinander der ankommenden und abreisenden Passagiere nicht verloren gehe, auf die Bank am Anfang des Bahnsteigs gesetzt. „Bleib hier sitzen und rühr dich nicht, hörst du, bis ich dich hier wieder abhole", hatte er ihm eingeschärft. Eigentlich unnötig, denn das kannte Wolfgang schon. Immer, wenn er den Großen im Weg war, wurde er irgendwo geparkt. Und tatsächlich wurde er dann auch nach einer gefühlten halben oder ganzen Ewigkeit wieder abgeholt.

Statt zu antworten, ließ der Vater schreckensbleich die beiden Koffer fallen, drehte sich um und bahnte sich durch die gepäckschleppende Menge seinen Weg zu der Stelle, wo er seinen Jüngsten abgesetzt hatte. Am Anfang des Bahnsteigs angekommen, sah er ihn tatsächlich noch auf der Bank sitzen. Für einen Moment spürte er einen Stich von Wehmut in seinem Herzen, als er bemerkte, wie der kleine Kerl ausdruckslos vor sich hinschaute, während er seinen Teddy fest mit beiden Armen an sich drückte. Ob er den Lärm der anfahrenden und quietschend abbremsenden Züge, der rufenden und fluchenden Menschen um ihn herum oder die alles übertönende, in unzähligen Echos quäkende Stimme aus den Lautsprechern überhaupt wahrnahm? Oder den Gestank aus Kohlenruß, Wolken von Dieselqualm, Schweiß der Vorbeieilenden, dem kalten Zigarettenrauch und dem Bierdunst, der aus der Bahnhofsgaststätte herüberwaberte?

„Mein Gott, Wolfi! Es tut mir leid!", sagte der Vater mehr zu sich selbst, und die Anspannung wich aus seinem Gesicht. Wolfgang schaute seinen Vater mit großen Augen an. Und es hatte den Anschein, als versuche er, sich zu erinnern, wann ihn sein Vater zuletzt „Wolfi" genannt hatte. Der Vater nahm ihn bei der Hand, Wolfgang rutschte von der Bank und hörte seinen Vater fragen: „Wo sind denn deine Sachen?" Ohne eine Antwort abzuwarten, suchte der Vater die Bank ab, ging um sie herum, suchte dahinter, bückte sich, schaute darunter. Nichts! Er kratzte sich am Hinterkopf, sein Blick ging noch einmal zu seinem Sohn, der ihn ziemlich ratlos ansah und dann, noch in der Hocke, schüttelte er unvermittelt den Kopf. In diesem Moment wurde ihm klar, dass er hier vergebens suchte. Sein kleiner Sohn hatte überhaupt kein Gepäck bei sich!

Ganz offenbar hatte sich beim Verlassen der Wohnung niemand für ihn verantwortlich gefühlt, keiner hatte darauf geachtet, dass der Fünfjährige den kleinen Rucksack mit seinem Schwimmkrokodil, dem Sandspielzeug, dem neuen Malbuch und den Stiften mitgenommen hatte.

Seinen geliebten Teddy hatte der kleine Wolfgang dabei, ja, aber ohne den hatte er noch nie das Haus verlassen, nicht mal auf dem Weg zum nahe gelegenen Spielplatz oder zur Kinderkrippe. Der Teddy war seine Welt; mit ihm teilte er die wenigen Freuden seines jungen Lebens, ihm vertraute er seinen Schmerz an, wenn er sich wieder mal einsam fühlte in dieser so unnahbaren, beherrschten, immer geschäftigen, gefühlskalten Familie. Er hatte ihm keinen Namen gegeben, Teddy musste reichen; mehr Zärtlichkeit hatte er nicht zu vergeben. Wie viele seiner Tränen hatte er schon in sein abgewetztes, dunkelbraunes Fell versickern lassen, wenn sie allein waren. „Soll ich dir was vorlesen?", fragte er ihn dann und holte sein Lieblingsbilderbuch aus seinem kleinen, immer makellos aufgeräumten Regal. Dann erzählten sie sich Geschichten, bis sie den Schmerz weggeredet hatten oder darüber einschliefen.

Schon früh brannte sich das Gefühl in seine Seele, dass er in diesem Leben auf sich selbst gestellt sein würde. Noch war er sich der Unterstützung durch seinen Teddy sicher, aber würde das reichen in dieser Welt, die ihn nicht brauchte?

Wolfgang nahm in seiner Kindheit und Jugend weder seine Eltern noch seine Brüder als Familie wahr.

„Stellt euch vor: Ich kann jetzt Fahrrad fahren! Ohne Hinfallen!", hatte er stolz erzählt, irgendwann, beim gemeinsamen Abendessen der Familie. Er war aufgestanden, hatte sich gestreckt, sich so groß gemacht, wie es ihm nur irgend möglich gewesen war, damit ihn alle gut hatten sehen können.

Die Mutter blickte zwischen zwei Löffeln Suppe kurz von ihrem Teller auf und sagte „schön, Wolfi", der Vater brachte aus halb vollem Mund ein „aha …" heraus, die Brüder reagierten überhaupt nicht. Aber schon wenige Suppenlöffel später berichtete der älteste Bruder vom Kadertreffen der Jungen Pioniere, das er selbst an diesem Tag zum ersten Mal geleitet hatte.

Das war mal ein Thema!

Die Eltern waren stolz und gratulierten dem erfolgreichen jungen Sozialisten überschwänglich.

Die Brüder legten steile Offizierskarrieren hin, der eine bei der Volksarmee, der andere bei der Volkspolizei, ganz im Einklang mit den elterlichen Erwartungen.

Gemessen am Anspruch der Eltern war deren jüngster Sohn hingegen ein Schulversager. Nur mit allergrößter Anstrengung schaffte er das Abitur. Welche helfende Rolle hierbei das unausgesprochene, aber dogmatisch verfügte Scheiterverbot spielte, das die Eltern auch gegenüber der Schulleitung ausstrahlten, ist nicht überliefert.

Wolfgang war vom Wehrdienst freigestellt worden. Schon als Kind war er nachtblind, konnte im Dunklen einfach nicht gut sehen. Er hatte sich damit abgefunden, es kaum mehr wahrgenommen. Bei der Musterung allerdings galt dieser Befund als schwere Einschränkung seiner Wehrfähigkeit.

Es reichte nicht einmal für den Polizeidienst, den man „unter gewissen Voraussetzungen" ersatzweise ableisten konnte und für den kleinere Einschränkungen oder Behinderungen noch mit „dienstfähig" quittiert wurden. Somit hatte er nach dem Schulabschluss nur ein Ziel. So schnell wie möglich raus aus diesem erbarmungslos fordernden Käfig der sozialistischen Nomenklatura und Intelligenz, hinein in ein, verdammt noch mal, warum eigentlich nicht, eher kleinbürgerliches Leben als Dorfschullehrer. Ein Leben, das er endlich selbstbestimmt führen konnte, raus aus dem Würgegriff dieser Familie.

Sein Studium schaffte er ohne Mühe, ja, es schien, als ob die Aussicht auf seine bevorstehende Unabhängigkeit in sicherem Abstand zur Herkunftsfamilie ihn durch die sechs Semester der pädagogischen Hochschule trug.

Er, der Sensible, eher Defensive, Blasse, drängte hinaus in die Welt des Grundschullehrerdaseins, die er sich als eine heile ausmalte, eine freundliche, Kinder liebende. Die Welt eines Lehrers, der bemüht sein würde, den ihm anvertrauten Kindern eine fröhliche Schulzeit zu geben, Zuwendung eben, die er selbst in seiner eigenen Kindheit so schmerzlich hatte entbehren müssen.

Seine Berufswahl wurde von den Eltern nicht goutiert. Es fehle ihm an Ehrgeiz und Disziplin. Die Eltern scheuten sich, ihn in „ihre" Gesellschaft einzuführen. Fast schien es ihnen ein peinlicher Gedanke, Wolfgang in ihren Zirkeln und Parteiveranstaltungen als Spross dieser so anspruchsvollen Familie zu präsentieren. Am liebsten war es ihnen, so erinnerte er sich, wenn sie ihn zu solchen Gelegenheiten nicht mitnehmen mussten, ihn zu Hause sitzen lassen konnten.

Da war sie wieder, die Situation auf dem Bahnsteig. Wie sehr hatte sie Wolfgangs Weg durch sein bisheriges Leben geprägt, sich unmerklich in die Welt seiner Entscheidungen und Gefühle eingeschlichen!?

Und welche Bedeutung würde sie noch für sein weiteres Leben haben?

9. Kapitel:
Wolfgang und Sofia

1967

Wolfgang lebte nun schon einige Jahre in Gommla, und es ging ihm gut.

So hatte er sich sein Leben gewünscht. Seine Schüler mochten ihn, die Erwachsenen achteten und schätzten ihn.

Manchmal fragten sie ihn, der doch so wunderbar mit Kindern umgehen konnte, warum er eigentlich keine eigene Familie besitze. Dann lachte er und sagte: „Ich habe hier mehr Kinder, als ich mir je erträumt hatte, und viele Menschen, die es gut mit mir meinen." Und doch, je öfter er diese Antwort gab, desto mehr hatte er das Gefühl, dass da etwas fehlte.

Doch noch wollte er es sich nicht so recht eingestehen; noch nicht.

Als Jos Schwester Sofia unvermittelt in Wolfgangs Leben trat, war es ihm, als habe er in ihr etwas aus seinen Kindertagen wiedergefunden, beinahe so eng, so vertraut, wie ihm damals sein Teddy gewesen war.

Sofia hielt sich mit ihrem Baby bei einem Besuch der Verwandtschaft ihres damaligen Ehemanns Richard in der DDR auf. Der hatte vor wenigen Jahren durch einen Verkehrsunfall seine Eltern verloren. Seit dieser Zeit waren ihm Onkel und Tante aus Jena zur Familie geworden. Sie halfen ihm durch die schwere Zeit der Trauer und erwiesen sich als treffliche und zuverlässige Ratgeber in schwierigen Entscheidungen, die ihm sein junges Leben abforderte.

Die noch junge Ehe von Richard und Sofia musste aber ohne jeden Zweifel schon nach kurzer Dauer als gescheitert gelten. Für Sofia wurde offensichtlich, dass das Kind in der Lebensplanung ihres beruflich sehr ambitionierten Mannes nicht vorgesehen war. Mit seiner Vaterrolle konnte und wollte er sich nicht abfinden oder gar anfreunden, zumal Sofia sich geweigert hatte, die aus seiner Sicht so ungewollte wie zum jetzigen Zeitpunkt völlig unangebrachte Schwangerschaft abbrechen zu lassen. Sofia wollte das Kind, unbedingt. Sie war Pragmatikerin und wägte ihre Chancen ab. Vielleicht würde es ihr gelingen, die Verwandtschaft ihres Mannes mit dieser Reise für das neue Familienmitglied einzunehmen. Oder sie gar so zu begeistern, dass sie auf ihn einwirken würden, seine Meinung zu ändern und seine kleine Tochter anzunehmen. Und wenn das gelänge, vielleicht sogar Freude an ihr zu haben.

Es gelang nicht. Ein Jahr später wurde die Ehe geschieden.

Sofias Reise in die DDR führte sie also nach Jena, wo Wolfgangs Eltern die Familie zu ihrem Empfang versammelt hatten. Deren Neugier, die neuen Familienmitglieder aus dem Westen kennenzulernen, war eher mäßig.

Wolfgangs Mutter hatte Sofia und Bianca vom Bahnhof abgeholt; wie die Fahrt war und ob der Zug voll gewesen sei, wollte sie wissen. Sofia wunderte sich, dass sie nicht fragte, warum ihr Mann nicht mit ihr gekommen war, sah es aber nicht als passend an, das Thema von sich aus anzusprechen.

Immerhin fragte die Gastgeberin, wie das Kind die lange Zugfahrt überstanden habe, aber damit schien sich ihr Interesse an Richards Familie schon erschöpft zu haben. Auch der Rest der Familie gab sich keine Mühe, mehr zu erfahren über Sofia, Richard, Bianca und ihr Leben in deren anderer Welt. Sofia stand fassungslos vor dem Eisernen Vorhang.

Vom Regen in die Traufe, fand sie, als ihr in diesem Moment ihre eigene Familie in den Sinn kam.

Als jedoch Wolfgang und Sofia einander vorgestellt wurden, schien es, als hätten zwei Suchende endlich das gefunden, was sie ihr Leben lang entbehrt hatten. Sie waren gleichermaßen überrascht und bemühten sich um Zurückhaltung in dieser Situation.

Vorsichtig und einfühlsam wollten sie einander kennenlernen. Wolfgangs Eltern und Brüder waren froh, dass sie sich um die als eher lästig empfundene Betreuung des verwandtschaftlichen Besuchs aus dem Land des Klassenfeinds nicht kümmern mussten.

Mit Begeisterung nahmen Sofia und Wolfgang jede Gelegenheit wahr, sich zu Unterschieden zu erklären, Gemeinsames zu finden, sich der wachsenden Zuneigung zu versichern. Die Stunden und Tage verflogen für die beiden nur so. Beim Abschied nach einer Woche hatten sie ein Geheimnis. Dutzende von Briefen, langen nächtlichen Telefonaten und einem sehnsuchtsvollen, unendlich langen Jahr später zog Sofia zu Wolfgang „rüber", in die thüringische Provinz. Sie heiratete ihn und gründete mit ihm die neue Familie, nach der sie beide sich lange gesehnt hatten.

Wolfgang achtete sehr darauf, dass seine Frau regelmäßig Besuch von der westlichen Verwandtschaft bekam, und war glücklich, von seiner neuen Schwiegermutter in Sofias Familie aufgenommen zu werden. Es war kaum zu übersehen, dass diese ungemein erleichtert war, die Verantwortung für ihre Tochter nun endlich abgeben zu können.

Auch Jo, inzwischen 17 Jahre alt, besuchte seine Schwester jedes Jahr, wenn es ging, sogar zweimal. Zu Wolfgang hatte sich ein freundschaftliches Verhältnis entwickelt. Jo mochte an ihm besonders seinen Umgang mit der Familie, wie er Rücksicht auf Sofia nahm, die allem Unbill zum Trotz ihr Lebensglück im anderen Teil Deutschlands gefunden hatte, und wie er Sofias Tochter ganz als die Seine annahm. Kein Abend verging, ohne dass er zum Einschlafen an ihrem Bettchen saß. Entweder las er ihr eine Geschichte vor, oder sie las ihm aus ihrem Bilderbuch vor, bis sie mit einem zufriedenen Lächeln einschlief.

Am Wochenende nahm er sich Zeit, mit ihr zu spielen. Aus den Beständen der Kinderkrippe konnte er manchmal zerbrochenes Holzspielzeug bekommen, das er dann mit geschickten Händen und einem guten Kleber wieder reparierte.

Den Ladenpreis für ihr Lieblingsspielzeug, ein knallbuntes Schaukelpferd, hätte er mit seinem schmalen Einkommen kaum aufbringen können.

Mit Wolfgang, der musikalisch und belesen war, konnte Jo seine Begeisterung für die Beatles und die Wortakrobatik von Peter Handke teilen. Wolfgang war zwar ziemlich unsportlich, aber für jeden Spaß zu haben. Für Politik schien er sich nicht sonderlich zu interessieren; Gespräche zu diesem Thema wurden, wenn überhaupt, nur zwischen diesen beiden Schwägern und nie in Hörweite Sofias geführt.

Als Wolfgang erfuhr, dass sein neuer Schwager seinen Wehrdienst bei der Bundeswehr antreten würde, war er zuversichtlich, dass dies keine Bedeutung für den Umgang mit ihm haben würde. Eher schon für Sofia, das ahnte er, die wahrscheinlich eineinhalb Jahre lang auf einen Besuch ihres Bruders würde verzichten müssen. Aber mit solcherlei Bedenken wollte er ihr jetzt nicht die gute Laune verderben.

Wolfgang und Sofia hatten zu der Jenaer Familie in der Folge immer weniger Kontakt. Das junge Paar war sich einig, dass man einen Lebensentwurf hatte, in dem Partei und Politik nicht die Wertmaßstäbe setzen sollten. Nestwärme, Zugewandtheit und Zuversicht wollte man einander geben, für Kinder mit Liebe und Fürsorge da sein. Sie fühlten sich sicher in ihrem „Nest" im abgelegenen Gommla, wo sie vorbehaltlos als Teil einer kleinen und herzlichen Dorfgemeinschaft leben durften.

10. Kapitel:
Zurück bei der Bundeswehr

1971

Wieder hatte Jo im Büro des Kompanieoffiziers anzutreten. Oberleutnant Busse gab sich kurz angebunden, noch kürzer als sonst, auch wenn das eigentlich kaum möglich schien.

„Ich habe Ihnen zu eröffnen, dass Sie den Lehrgang mit Erfolg abgeschlossen haben und ab sofort den Dienstgrad ‚Fahnenjunker' führen." Weiter, ohne Pause und im gleichen Tonfall eines völlig Unbeteiligten, der sich einer lästigen, aber unumgänglichen Aufgabe entledigte, sagte der Oberleutnant: „Damit sind Sie Reserveoffiziersanwärter, ROA. In Kürze geht Ihnen der Befehl zur Trageordnung der neuen Dienstbekleidung zu. Ihre Mahlzeiten nehmen Sie ab sofort im Offizierscasino ein, des Weiteren werden Sie eine Zweibettstube beziehen. Fahnenjunker Baumann, haben Sie das verstanden?"

„Jawohl, Herr Oberleutnant."

„Fahnenjunker Baumann: Wegtreten!"

Hackenknallen und raus.

Von nun an änderte sich so ziemlich alles in Baumanns militärischem Alltag.

Am sogenannten Truppendienst nahm der junge Reserveoffiziersanwärter im Verlauf seiner weiteren Dienstzeit noch weniger teil.

„Sein" Major teilte ihm mit, dass er seinen Job als Kommandeursfahrer an einen jungen Gefreiten abgeben müsse. In seiner neuen Funktion als Kompanieoffizier zog er in einen neuen, größeren Büroraum neben dem Vorzimmer des Majors um. Die Leitung der Truppenbücherei, die er aufwendig, gründlich und erfolgreich umgebaut hatte, verblieb in seiner Zuständigkeit.

11. Kapitel:
Soldat Baumann und seine Schwester Sofia

Schon kurze Zeit später musste Jo sich Sorgen über den Gesundheitszustand seiner Schwester machen. Von seiner Mutter erfuhr er, dass es auch einem ausgewiesenen Facharzt in der Berliner Charité nicht gelungen war, die tatsächlichen Ursachen der Kopfschmerzattacken zu finden, die Sofia offenbar immer häufiger und heftiger plagten. Nach den letzten Untersuchungen musste sogar vermutet werden, dass sich im Kopf ein Tumor gebildet hatte. Sollte sich diese Annahme in weiteren Untersuchungen und Gutachten bestätigen, so erfuhr Jo von seiner Mutter, dann wäre ein operativer Eingriff unumgänglich. Mit vielleicht unabsehbaren Folgen?

Seine geliebte Schwester brauchte jetzt ihren Bruder, das fühlte Jo ganz deutlich. Aber da wurde ihm auch so richtig bewusst, dass er sich mit seiner Entscheidung für den Wehrdienst enge, vielleicht gar unüberwindliche Grenzen in seiner Bewegungsfreiheit eingehandelt hatte. Es war ihm klar, dass er als aktiver, noch dazu Zeitsoldat, ROA keine Chance hätte, in die „DDR" zu reisen, ein Land des Warschauer Pakts.

Grotesk: Reisebeschränkungen, diesmal nicht für „DDR-Bürger", sondern für Westler. Und das auch noch freiwillig.

Jo musste sich eingestehen, dass er nicht daran vorbeikam, sich mit den möglichen Folgen auseinanderzusetzen. Was, wenn Sofia operiert werden musste und den Eingriff nicht überlebte? Bei dem Gedanken, dass er in diesem Fall nicht mal zu ihrer Beisetzung reisen könnte, lief es ihm kalt den Rücken hinunter. Was hatte ihn nur dazu gebracht, sich in solch eine Situation zu bringen? Es nützte alles nichts, erkannte Jo.

Er musste sich seinem Vorgesetzten anvertrauen.

Der Major nahm sich tatsächlich schon am nächsten Tag Zeit für ihn, hörte sich sein Problem aufmerksam und ruhig an und sagte „eine Prüfung seines Anliegens" zu. Jo sollte, so die Auflage des Majors, auf jeden Fall versuchen, ein ärztliches Attest beizubringen, aus dem der Schweregrad der Erkrankung der Schwester und die Dringlichkeit des geschwisterlichen Besuchs zweifelsfrei hervorgingen.

Als Jo das Büro des Majors verließ, war er ziemlich hin- und hergerissen zwischen Hoffen und Bangen. Er musste dringend mit jemandem über die ganze Sache reden, und so rief er seinen Freund Paule an.

„Wie? Ja, klar weiß ich, dass ich als Natokrieger nicht so einfach in den Warschauer Pakt reinspazieren kann. Hör mal, ich hab' mit meinem Chef gesprochen, ja, dem Major. Der Typ ist überhaupt kein Kommisskopf, so wie mein Kompaniechef. Beinahe menschlich ist der, ich glaub, da hab' ich richtig Glück gehabt. Wie? Ja, er hat angedeutet, dass er mir helfen will. Mann, wenn das klappen würde. Ja, natürlich ist das hier immer noch ein bescheuerter Haufen von Suffköppen und Menschenschindern, aber mein Major hat so was Väterliches. Ich glaub, auf den kann ich mich verlassen.

Gut, dass ich wenigstens mit dir drüber reden kann, die Mutter wär' mir da einfach zu schwatzhaft; wer weiß, wo die das wieder hintragen würde!"

Nach dem Gespräch mit Paule schöpfte Jo neue Hoffnung. So sehr es ihm widerstrebte, sah er doch ein, dass er nun seine Mutter einbeziehen musste. Umgehend rief er sie an und bat sie, alle Hebel in Bewegung zu setzen, um das geforderte Gutachten einzuholen und einen dringenden Antrag auf Besuchserlaubnis für ihn beim zuständigen „Rat des Kreises" zu stellen.

Jo gab sich alle Mühe, den Gedanken zu verdrängen, dass selbst die unverkennbare Bereitschaft seines Vorgesetzten, sich für das unglaubliche, aber sehr menschliche Ansinnen seines Kommandeursfahrers einzusetzen, eigentlich zum Scheitern verurteilt sein musste. Er zwang sich ganz bewusst, eigene Zweifel nicht zuzulassen.

In jedem Truppenunterricht war der kriegslüsterne Warschauer Pakt das Hauptthema, mit detaillierten Beschreibungen dieser menschenfeindlichen Armeen, ihrer hinterhältigen

Absichten und Strategien. Das Feindbild durfte nicht hinterfragt werden, „Die sind eben so!".

Er erinnerte sich an die vorangegangenen Reisen zu seiner Schwester. Ja, er hatte sich dort in der Nähe von Uniformierten immer unwohl gefühlt, aber bedroht? Die Menschen waren freundlich zu ihm, dem Bruder, keine Spur von hinterhältiger Aggression. Und Sofia, die aus dem „imperialistischen Westen" kam, hatten sie ja offenbar auch gut aufgenommen.

Das Gutachten brachte ihm seine Mutter schon eine Woche später in die Kaserne. Die beantragte Besuchserlaubnis war genehmigt und unterwegs, ließ der besorgte Schwager ausrichten.

Jetzt kam es drauf an, das spürte Jo, als er erneut um einen Gesprächstermin im Vorzimmer seines Majors anfragte. Jetzt musste er seine ganze Überzeugungskraft aufbieten. Das Herz klopfte Jo bis zum Hals, als er das Büro des Majors betrat. Aus der Miene seines Gegenübers konnte er nicht das Geringste ablesen, auch nicht, als dieser offenbar hoch konzentriert das vorgelegte Attest las.

„Grundsätzlich", begann er, „aber das ist Ihnen ja klar, Fahnenjunker Baumann, steht Ihr Antrag im eklatanten Widerspruch zu Ihrer Entscheidung, als Zeitsoldat bei der Bundeswehr eine Offizierslaufbahn anzustreben. Ich persönlich begrüße diese Entscheidung, wie Sie wissen, und konnte mich deshalb höheren Orts für eine Ausnahmegenehmigung einsetzen, die Ihnen aufgrund der vorgetragenen und nachgewiesenen ..." – Jo war atemlos und dachte: Nun sag's schon endlich, sag, dass ich zu meiner Schwester fahren darf! – „... sehr persönlichen Gründe einen einmaligen, zeitlich genau bestimmten Aufenthalt im Geltungsbereich des Warschauer Pakts ermöglicht."

Und dann quälend geschäftsmäßig weiter: „Ich darf Ihnen mitteilen, dass dieser Antrag von der Führung des Wehrbereichskommandos genehmigt wurde. Es wurden Ihnen dafür 10 Tage zugestanden. Reichen Sie zu gegebener Zeit einen entsprechenden Urlaubsantrag bei mir ein. Ihnen wird zur Auflage gemacht, sich beim S1-Offzier eine Sicherheitsbelehrung abzuholen und unmittelbar nach Rückkehr einen Gesprächstermin beim MAD wahrzunehmen. Des Weiteren werden Sie auch im Truppenunterricht in geeigneter Form von Ihrer Reise und Ihrem Aufenthalt in der SBZ berichten. Haben Sie das verstanden, Fahnenjunker?"

„Jawohl, Herr Major!", antwortete Jo, dem das fällige Hakkenknallen wegen der weich gewordenen Knie nicht so richtig gelingen mochte.

Am nächsten Tag fand Jo sich beim „S1" zur angeordneten „Sicherheitsbelehrung" ein. Dass dies meist als Ritual abgespult wurde, wusste Jo von anderen Offizieren, die zu besonderen Anlässen wie Militärtagungen und Ähnlichem befohlen wurden. Kurze Ansprache, Aktenvermerk, Unterschrift, fertig.

„Außergewöhnliche Anlässe, Fahnenjunker Baumann, wie in Ihrem Fall, fordern und rechtfertigen außergewöhnliche Maßnahmen!", betonte der S1-Offizier. „Da nach Bewertung des WBK, also des Wehrbereichskommandos, die Situation aus einer speziellen familiären Lage entstanden ist, kann das Gefährdungspotenzial als relativ gering eingestuft werden, aber ...", seine Augen wurden schmal, seine Stimme geradezu konspirativ, „... der Feind lauert überall!"

Dann weiter in geschäftsmäßigem Befehlston, unter Offizieren, versteht sich:

„Schärfen Sie sich also ein:
Keine Themen mit Sicherheitsrelevanz!
Keine Themen mit Strukturhintergrund!
Keine Themen mit Stimmungsbildern aus Streitkräften oder Politik!
Äußerste Vorsicht und Zurückhaltung bei neuen Kontakten außerhalb der Familie!"

Und nach kurzer Pause, wieder zugewandt, verbindlich:

„Sie machen das schon, Fahnenjunker, wir verlassen uns auf Sie.

Seien Sie wachsam. Wir erwarten Ihren Bericht unmittelbar nach Ihrer Rückkehr.

Haben Sie noch Fragen? Nein? Hier unterschreiben. Danke. Gute Reise.

Wegtreten, Fahnenjunker Baumann."

Jo meldete sich korrekt ab, dezent hackenknallend.

Er grübelte im Weggehen noch eine Weile über diese Eindrücke.

Welcher Bericht wurde von ihm erwartet? Hatte er einen Auftrag erhalten?

Seit seiner Ernennung zum Fahnenjunker durfte Jo sich im Rahmen seines Dienstplans frei bewegen und auch gelegentlich die Kaserne verlassen. Bei seinem Vetter Willi wollte er sich Rat holen, wie er sich in dieser Situation im anderen Teil Deutschlands verhalten sollte und was aus dessen Sicht kritische Aspekte sein könnten.

Willi war mit seiner Freundin Grete vor Jahren aus Bitterfeld in den „Goldenen Westen" geflüchtet. Zunächst war er bei den Baumanns untergekommen, hatte aber schnell in der gleichen Stadt Arbeit und Wohnung gefunden und sich in erstaunlich kurzer Zeit in diese ganz andere Gesellschaft eingelebt.

Willi hatte gern und viel von dem Leben erzählt, das er „im Osten" geführt hatte. „Im Grunde", sagte er immer wieder, „habe ich ein gutes Leben gehabt da drüben. Klar, mal gab's das eine nicht zu kaufen, mal das andere nicht, aber man half sich gegenseitig aus. Und die Märchen, die manche hier im Westen erzählen über Stasi und so, das ist doch die reine Propaganda. Zwei Jahre, nachdem wir abgehauen sind, die Grete und ich, also nach zwei Jahren als Bürger der BRD, habe ich schon wieder problemlos meine Familie in der DDR besuchen können. Überhaupt keine Rede von Stasi oder Gefängnis oder sonst was. Was uns störte, war, dass man nicht reisen konnte, wohin man wollte, und dass man im Urlaub am Schwarzen Meer immer als Mensch zweiter Klasse angesehen und behandelt wurde."

Und auch diesmal hatte Willi es geschafft, Jos Bedenken zu relativieren.

„Melde dich rechtzeitig beim Rat der Stadt als Besucher an und wieder ab, und lass den Wessi nicht so raushängen, dann kann überhaupt nichts passieren. Klar haben die Verständnis für deine Situation, das sind doch keine Unmenschen. Ich durfte auch wieder einreisen zu meiner Familie, weißt du doch, oder? Und ausreisen ebenfalls wieder."

Was sollte er beobachten, analysieren, abfragen, auskundschaften?

Jo beschloss, diesen Gedanken hier und jetzt abzubrechen, nicht weiter zu vertiefen, den Sinn oder Hintergrund, sollte es denn überhaupt einen geben, nicht weiter zu hinterfragen.

Es ging ihm um Sofia, um sonst nichts.

12. Kapitel:
Reise zur Schwester

1971

Schon eine Woche später saß Jo im Zug nach Thüringen.

Vor dem Grenzübertritt auf das „Staatsgebiet der Deutschen Demokratischen Republik" beschlich ihn das Gefühl, dass irgendetwas an seiner Person für die Vertreter der sozialistischen Staatsmacht Anlass für eine Unterbrechung seiner Reise sein könnte. Dabei hatte er sich dieses Mal mit ganz besonderem Bedacht vorbereitet: Keine Zeitungen oder andere „Druckerzeugnisse" ins Gepäck, keine Kassettenmusik, einfach nichts, was den so unberechenbaren, für ihn ganz und gar undurchsichtigen Grenzkontrollen Angriffsfläche bieten könnte. Nur kein Risiko.

Wie schon bei seinen vorherigen Reisen erwiesen sich seine Bedenken als überflüssig.

Die üblichen Fragen nach Reisegrund und Reisegepäck waren gestellt worden, an ihn und die anderen Reisenden, dann die Reisedokumente geprüft, alles routinemäßig, ohne irgendwelche Auffälligkeiten. All das kannte Jo bestens von seinen vielen Besuchen, die er in den letzten Jahren zu seiner Schwester unternommen hatte.

Die Grenzer hatten das Abteil verlassen. Jo starrte aus dem Fenster, hing seinen Gedanken nach. Er war froh, dass er wieder einmal davongekommen war.

Und doch blieb ein Gedanke hängen, der ihn noch weit nach dem Grenzübertritt beschäftigte. Wenn man es genau betrachtete, war die Kontrolle ziemlich oberflächlich gewesen. Immerhin hatten sie einen NATO-Soldaten vor sich gehabt. Wenn auch in Zivil. Das hatten die doch bestimmt gewusst! Oder?

Vielleicht hatten sie ihn gerade deswegen beim Grenzübertritt unbehelligt gelassen.

Unvorstellbar, dass ein übereifriger, uninformierter Grenzer diesen rechtmäßig einreisenden Soldaten aus dem Verkehr zieht.

Also diesmal doch nicht so ganz routinemäßig?

Jo hatte die Diskussionen in der BRD-Presse zu sogenannten „Freikäufen" von DDR-Bürgern durch die BRD verfolgt. Von „humanitären Gründen" war da immer die Rede gewesen, wenn man die wahren oder wahrscheinlichen Hintergründe eines solchen Handels nicht hatte offenbaren wollen.

Wolfgangs Familie war von gewisser Prominenz in der DDR. Vielleicht hatte sie Einfluss geltend gemacht, für Jo die schnelle Besuchserlaubnis zu ermöglichen? Man hatte ja das „Faustpfand" Sofia und konnte so risikofrei ein Exempel an Besorgnis und Humanität im Sozialismus statuieren.

Jo rief sich zur Ordnung. Er, Jo, hatte damit nichts zu tun. Und die Familie von Wolfgang hätte allen Grund, ihre Prominenz mal sinnvoll einzusetzen.

Jedenfalls hatte er nicht vor, das mit Sofia oder Wolfgang zu diskutieren.

Vielleicht mit dem MAD.

Vielleicht.

Der Kaffee, den er sich zum Zeitvertreib beim Umsteigen vom Bahnhof

Plauen (Oben) nach Plauen (Unten) bei seinen früheren Reisen für Westgeld in der Mitropa-Gaststätte gegönnt hatte, schmeckte meist grässlich dünn.

Als er eintrat, war das Lokal leer, er war der einzige Gast. Es roch nach einer Mischung aus kaltem Zigarettenrauch und altem Bohnerwachs. Der Geruch war ihm aus seiner Kinderzeit von den Münchner Vorstadtwirtschaften vertraut, in die er seinen Vater bisweilen hatte begleiten dürfen. Abgewetzte, durch allerlei Putzmittel in Jahrzehnten dunkelfleckig gebeizte Holzstühle standen ordentlich in Reih und Glied an Vierertischen mit Resopalplatten, deren ursprüngliche Farbe nur noch zu erahnen war. In auffallendem Kontrast dazu stand die junge, in ihrer Dienstbekleidung mit Servierschürzchen und Häubchen nach Jos Empfinden vollkommen unsozialistisch adrett zurechtgemachte Bedienung, die hinter der Theke an der langen Seite des Raumes die gerade gespülten Gläser trocknete. Dabei hatte sie aber das Geschehen in der Gaststätte immer fest im Blick. Nachdem er sich gerade an einen Tisch unter dem einzigen, jedoch ziemlich verstaubten Fenster gesetzt hatte, kamen kurz hintereinander zwei Herren in den Gastraum. Nichts an ihnen schien Jo auffällig. Es wies auch nichts darauf hin, dass sie einander kannten. Sie setzten sich an getrennte Tische, der eine vor und der andere hinter Jo. Für den war das nicht ungewöhnlich, so oder so ähnlich war es bei den meisten seiner Besuche in dieser Bahnhofswirtschaft gewesen. Dennoch beschlich ihn das Gefühl der Unsicherheit, bei dem man sich überall beobachtet und belauscht wähnt. Er nahm sich vor, sich nicht verrückt machen zu lassen, zündete sich eine Zigarette an. Er blickte in der Gaststätte umher, rührte mit dem Löffel wieder einmal in dem schalen Kaffee, dachte an seine Schwester und wie sie es fertigbrachte, unter dieser Käseglocke ein fröhliches Leben zu führen.

Wirklich fröhlich?

Jo fand keine Antwort auf diese Frage und bemühte sich, seine Gedanken auf etwas anderes zu lenken. Er saß wieder im Zug, jetzt auf der letzten Etappe seines Weges zur Kreisstadt. Er schaute sich im Abteil um und versuchte, sich vorzustellen, welche Lebensläufe seine Mitreisenden wohl haben mochten. Welche Rückschlüsse ließen sich aus Linien, Falten und Furchen in den Gesichtern auf ihre Lebensgeschichten ziehen, wie passte ihre Kleidung dazu und das, was sie mit sich führten?

Zum Beispiel das ältere Paar, das ihm gegenüber auf der anderen Seite des Ganges saß. Beide wohl Mitte, Ende sechzig. Solch tiefe Falten in sonnengegerbter Haut bekam man nur, wenn man ein Leben lang bei Wind und Wetter auf dem Feld stand. Ihr blass-bunt gemustertes Kopftuch versteckte die meisten der schwarz-grau melierten Haare, eine Strähne löste sich immer wieder und fiel über die tiefen Stirnfalten. Sie trug einen dunkelgrauen Mantel aus grobem Wollstoff. Als sie beim Hinsetzen den Gürtel geöffnet hatte, war die Sicht auf eine beigefarbene Bluse unter einer roten Strickjacke frei geworden. Dunkelbraune Wollstrümpfe steckten in festen, sauber geputzten mattschwarzen, flachen Schnürschuhen.

Auf dem Schoß hielt sie mit beiden Händen eine mittelgroße schwarze Handtasche, aus der sie gelegentlich, ohne hineinzusehen, ein Taschentuch holte, um sich geräuschvoll zu schnäuzen. Nur dann wandte sich ihr Blick kurzzeitig vom Fenster ab in das Nirgendwo des Abteils. Der Blick eines Menschen, der ein entbehrungsreiches Leben hinter sich hatte, von dem er nichts mehr erwartete.

Er trug eine grün-graue Wetterjacke über einem braunen Sakko. Ein braun-schwarz gemusterter Schal verdeckte den Hemdkragen, die schwarze Hose hatte nur noch über den groben dunkelbraunen Schuhen einen Rest von Bügelfalten. Die Schirmmütze hatte er bis auf die Ohren fest über den ausrasierten Kopf gezogen. Listig blitzende Augen verfolgten hinter einer Brille mit runden, für den knochigen Kopf viel zu großen Gläsern alles, was sich im Abteil bewegte. Neben ihm stand ein Handkoffer, der wohl den letzten Krieg gut überstanden hatte, vermutlich aus gepresster Pappe mit einem großen metallfarbigen Schloss unter dem Handgriff.

Sie sprachen kein Wort miteinander, sahen einander nicht an.

Hoffentlich erlebten sie mal bessere Zeiten, dachte Jo.

Sicherlich bestimmten Krieg und Kriegswirren große Teile ihres Lebens. Konnten sie sich jemals mit ihren Träumen, Idealen, Vorstellungen entfalten, oder hatte die schiere Not zum Überleben diese unerreichbar werden lassen? Gab es trotzdem Zeiten, an die sie sich mit Freuden, Glück gar, erinnerten? Hatten sie Kinder, Geschwister, Familie, die ihnen jetzt, im Alter, verlässliche Ankerpunkte und liebende Stütze sein konnten?

Oder hatte das Leben sie in diese Art von Einsamkeit geführt, in der sie nur noch einander hatten, ob sie wollten oder nicht?

Und wo würde er sein in diesem Alter? Auf welches Leben würde er dann zurückblicken können? Müssen? Würde er Kinder haben? Freunde, immer noch einen besten Freund? Würde der dann auch noch eine Familie haben, Teil einer Familie sein, ohne Warschauer Pakt oder NATO leben in dieser Welt?

Endlich erreichte er die Kreisstadt.

Jo und Sofia lagen sich lange in den Armen. Als sie sich wieder voneinander gelöst hatten und er sie betrachten konnte, war er bestürzt, sie in einem solchen Zustand zu sehen: hohlwangiges Gesicht, abgemagerte Figur. Aber ihre Umarmung war fest und voller Lebenswillen gewesen, aus ihren tief verschatteten Augen quollen Tränen der Freude.

Er hakte sie unter, Wolfgang trug das Gepäck, aber statt zum Bus nach Gommla zu gehen, hielten die beiden für Jo eine faustdicke Überraschung bereit.

Die Familie war inzwischen umgezogen! Man hatte Wolfgang eine Stellung als Gymnasiallehrer in der Kreisstadt angeboten, und er hatte zugegriffen.

„Vor allen Dingen", so war sein wichtigstes Argument, „ist dort die ärztliche Versorgung für Sofia deutlich besser."

Begeistert erklärte Sofia, dass sie sich so sehr auf eine „zivilisiertere", stadtnähere Umgebung freue. Ja, sie habe auch die nachbarschaftliche Wärme einer Dorfgemeinschaft mit diesem HO-Laden als Kommunikationszentrum in der Provinz geschätzt, aber tief drinnen sei sie eben ein Kind der Großstadt. Etwas mehr Wohnkomfort eben, ohne Plumpsklo auf der Zwischenetage, nicht mehr Briketts aus dem Keller hochtragen.

Die neue Wohnung lag im Erdgeschoss eines Mehrfamilienhauses, das vor Jahresfrist komplett renoviert worden war. Es war nicht hübsch von außen, aber gepflegt, und hatte im Vergleich zur vorigen Wohnung eine deutlich zeitgemäßere Ausstattung: Fließendes kaltes und warmes Wasser in Küche, Toilette und Bad, Zentralheizung und eine Einbauküche, die ihren Namen auch verdiente. Elektroherd, Kühlschrank und Spüle waren installiert, dazu konnte man, so erklärte Wolfgang stolz, nach Wunsch die Anordnung der Küchenschränke und der Arbeitsplatten selbst bestimmen.

Es war mehr Platz da für die Kinder, die Wohnküche war gemütlich und geräumig.

Was Sofia den Umzug auch noch erleichterte: Sie war wieder näher bei ihrer engsten Freundin und Vertrauten Ingrid, der Erzieherin, die Sofia mit viel Einfühlungsvermögen und Unterstützung damals, bei der Eingewöhnung in das sozialistische System und besonders das der Kinderbetreuung, zur Seite gestanden hatte.

Ingrid war kurz vor Wolfgangs Beförderung und Umzug in die Kreisstadt gezogen, um dort eine leitende Funktion in einer großen Kinderkrippe zu übernehmen.

Es war auch Ingrid gewesen, die Sofia dazu gedrängt hatte, den unerträglich gewordenen Kopfschmerzen konsequenter auf den Grund zu gehen.

„Natürlich versuchte auch Wolfgang, mir den Ernst meiner Lage klarzumachen, aber ich konnte nicht auf ihn hören. Ich musste doch für die Kinder da sein, ihm den Rücken freihalten für seinen Beruf", bemühte sich Sofia, ihrem Bruder ihr Dilemma zu erklären. „Ich wusste wirklich nicht mehr weiter, und diese Zerrissenheit machte es eher noch schlimmer."

„Sofia, hast du mal drüber nachgedacht, was denn hinter diesen schrecklichen Kopfschmerzen stecken könnte? Ich meine, prinzipiell ist da ja wohl was Medizinisches und wohl auch was Psychosomatisches, wenn ich das richtig verstehe."

„Das ist ja genau das, was mich so fertigmacht. Keiner kann mir was Genaues sagen. Ich weiß einfach nicht mehr weiter. Und ich hab' so einen Bammel vor der nächsten Untersuchung in der Charité! Du kannst dir gar nicht vorstellen, wie erleichtert ich bin, dass du kommen konntest. Das war für dich bestimmt nicht einfach, oder? Ich hoffe, dass ich dich damit nicht in irgendwelche Schwierigkeiten bringe?!"

„Egal, Sofia, mach dir darüber mal keine Gedanken. Die Hauptsache ist, dass du endlich Klarheit bekommst und wieder gesund wirst. Dafür bin ich hier, ich will dir beistehen, dir helfen, wie damals, weißt du noch?"

Sie wusste, was er meinte, und es entlockte ihrem Gesicht ein vorsichtiges, vertrautes Lächeln.

„Weißt du, Wolfgang tut wirklich für mich, was er kann. Aber er hat eben seinen Beruf, der ihn sehr, sehr beansprucht, und ich will seinen Zielen nicht im Weg stehen. Er tut das alles doch für uns!"

„Das versteh ich doch, deswegen werden jetzt eben wir zwei wieder zusammenhalten. Also, wann ist diese nächste Untersuchung? Wir gehen da zusammen hin, mit oder ohne Wolfgang, ok?"

„Morgen muss ich hier noch mal zum Blut abnehmen, Anfang nächste Woche zur Charité, und Wolfgang kann nicht mit. Leider."

„Kein Problem, dann eben wir beide."

Sie lagen sich in den Armen. Wie damals.

Von da an waren sie wieder die unzertrennlichen Geschwister und saßen ein paar Tage später im Zug zur Charité nach Berlin.

Zuvor hatten sie für Jo die Genehmigung für diese Reise beim Rat des Kreises eingeholt. Problemlos, wie sich Jo Jahrzehnte später erinnerte.

Ingrid passte auf die Kinder auf.

13. Kapitel:
Ingrid

1970

Ingrid war Mitte zwanzig, eher überdurchschnittlich groß, hatte eine schlanke, sportliche Figur, dunkelblonde, ungebändigte Naturlocken.

Eine attraktive junge Frau.

Sofia wusste zu erzählen, dass sie unverheiratet und kinderlos war, ernsthaft und zuverlässig, aber auch humorvoll und sehr lebensfroh. Genau das, was sie, Sofia, so dringend gebraucht hatte in der ersten Zeit dieser vollkommen anderen Welt.

„Du wirst sie ja morgen Abend kennenlernen. Wir haben sie zum Abendessen eingeladen. Weißt du, wir verstehen uns beide sehr, sehr gut mit ihr, und ja, sie gehört irgendwie schon zur Familie. Stell dir vor, sie hat damals in Jena mit Wolfgang studiert! So lange kennen die beiden sich schon. Wenn ich darüber nachdenke, ist es erstaunlich, dass ich sie dir bisher nie vorstellen konnte, aber es hatte sich irgendwie nicht ergeben, wenn du da warst. Ich habe kürzlich mit ihr darüber gesprochen. Einmal war sie krank, das andere Mal war sie, glaube ich, im Urlaub gewesen. Sie wusste es auch nicht so richtig, aber immer war was dazwischengekommen."

Im Verlauf des Abendessens blühte Sofia regelrecht auf. Jo war glücklich. Die Beklemmung, die ihn am Bahnsteig erfasst hatte, hatte Platz für die alte Vertrautheit zwischen ihm und seiner Schwester gemacht. Er fühlte neue Zuversicht.

Wolfgang hatte seine Lieblingsmusik auf den Plattenspieler gelegt, dezent verjazzte Klaviermusik. Das grelle Licht der Deckenlampe war gelöscht, Kerzen und eine kleine Schirmlampe gaben dem Raum eine angenehme, warme Atmosphäre. Der bulgarische Rotwein funkelte rubinrot in den Gläsern, die Jo aus dem elterlichen Haushalt seiner Kindertage kannte.

Sofia hatte es sich in dem Ohrensessel bequem gemacht, den Wolfgang aus seiner Junggesellenbude herübergerettet hatte.

Ingrid war einfach nur da, hatte für jeden, der es wollte, ein Lächeln, einen Blick, Aufmerksamkeit. Und Jo wollte offenbar viel davon und konnte, je länger der Abend wurde, seine Neugierde immer weniger zügeln, mehr von dieser Frau kennenzulernen.

Während Wolfgang und Sofia die Kinder zu Bett brachten, kamen sich Jo und Ingrid in der Küche beim Abwasch näher. Eine Hand berührte leicht, wie unabsichtlich, einen Arm, ein Blick, der viel zu lange dauerte für seinen eigentlichen Zweck. Man sprach miteinander, unterhielt sich mit Geschichten, lauschte dem Klang der Stimmen, beobachtete jede Regung im Gesicht des anderen. Nichts wollte man sich entgehen lassen, so schien es, in diesen Momenten der heimlich gemeinsamen, geschenkten Zeit.

Jo erinnerte sich an seine Sicherheitsbelehrung. Vorsicht mit neuen Kontakten außerhalb der Familie! Aber Ingrid war doch wie Familie. Sagte Sofia.

In diesem Kreis schien der Unterschied der Gesellschaftssysteme Deutschland Ost und Deutschland West keine Bedeutung zu haben. Sofia erklärte das in der ihr eigenen Schlichtheit so, dass man keine Mühe habe, diesen auszublenden; es sei nach ihrer festen Überzeugung so, dass es keinen erkennbaren Anlass gebe, ihn wahrzunehmen oder gar zu thematisieren. Oder: Politik habe da keinen Stellenwert.

Es war unverkennbar, wie sehr Jo von Ingrid eingenommen war. Er musste herausfinden, was so anders an dieser Frau war, was ihn so anzog, verunsicherte, seinen Puls in die Höhe trieb. Er war, so vertraute er Sofia an, fasziniert von ihrer Ausstrahlung. Er verglich sie mit den Freundinnen, die bisher sein Frauenbild geprägt hatten. Nichts an ihr schien seinen so nachhaltig wie einseitig gepflegten Vorurteilen zu entsprechen. Er musste an sich halten, um sie nicht ununterbrochen anzusehen, war geradezu fasziniert von ihrer Offenheit, ihrem natürlich getragenen Liebreiz.

Der Wunsch, ihr näherzukommen, wurde größer, der Wunsch, sich mit ihr zu verbinden, zu verbünden. Mit ihr tiefste Geheimnisse zu teilen, neue Gefühlswelten zu erschließen.

Schon die zweite Nacht verbrachten sie zusammen.

Weil es beide so wollten.

War das Liebe auf den ersten Blick? Der unglaublich lange, tiefe erste Blick in Ingrids unendlich graugrünen Augen?

Ingrids Wohnung war nur einen Katzensprung von Sofias neuem Familiendomizil entfernt.

Zum Frühstück war man wieder zusammen, mal bei Sofia, mal bei Ingrid. Sofia nahm es augenzwinkernd zur Kenntnis, Wolfgang äußerte sich dazu nicht. Es ging ungezwungen zu, ganz natürlich, fast selbstverständlich vertraut. Wolfgang war bei diesen Frühstücksgesprächen selten dabei, er hatte zu arbeiten. Ein „Gespräch unter Männern" gab es zum Thema Ingrid nicht, weder Jo noch Wolfgang suchten es.

Ingrid konnte sich ihre Arbeitszeit einteilen. „Der Vorteil, den man als Leiterin hat."

Dass sie auch erst vor kurzer Zeit eingezogen war, konnte man ihrer Wohnung nicht ansehen. Sie war komplett ausgestattet, aber sie wirkte auf ihn, Jo, unpersönlich, wie aus dem Einrichtungsstudio. „Sind das alles neue Möbel?", wollte er wissen. „Das meiste ja. Ich hatte ja nicht viel in meiner kleinen Einraumwohnung. Sieht noch ein bisschen kahl aus, meinst du? Stimmt, es wird wohl noch eine Weile dauern, bis ich es mir hier drin so richtig kuschelig gemacht habe, aber ich freu mich drauf."

Jo erzählte Ingrid von seinem Leben in Schwabing, von „seiner" Musik, seinen Büchern, die er leider nicht in die DDR mitbringen durfte.

Ingrid stellte auch Fragen nach seinem Leben als Soldat. Er antwortete pflichtgemäß, dass er darüber nichts sagen dürfe und sein Besuch ohnehin eine Ausnahme sei.

Seine Sorge galt Sofias Gesundheit. Was konnte Ingrid ihm dazu berichten?

Wie sah sie, die Vertraute, Ursachen, Symptome, Heilungschancen für das, was seine Schwester so sehr plagte? Ingrid gab sich zuversichtlich und ließ keinen Zweifel an ihrer eigenen Diagnose: Was Sofia am meisten brauche, sei der enge Kontakt zu ihrer Westfamilie.

„Am meisten braucht sie dich, Jo!"

Das wirkte.

Seine Vertrautheit zu Ingrid wuchs. Die Natürlichkeit und das Selbstverständnis ihres Zusammenseins waren mit nichts vergleichbar, was er in den eher oberflächlichen und oft berechenbaren Erlebnissen mit den Frauen bisher verspürt hatte.

Auch ihre Gespräche wurden vertrauter.

Welches der gesellschaftlichen Systeme war für den Menschen verträglicher?

Obwohl Jo sich nicht darauf einlassen wollte, war er eitel genug, die Herausforderung mit ein, zwei kurzen Sätzen anzunehmen.

Noch während er sprach, schrillten bei ihm die Alarmglokken. Er brach das Thema an der Stelle ab, an der die berühmte pazifistische Frage im Raum stand: Was machst du, wenn du angegriffen wirst?

Ingrid verstand und lenkte sofort ein. „Wollen wir ein bisschen an die Luft gehen, einen kleinen Spaziergang machen?"

„Sehr gerne!", sagte Jo erleichtert.

Hatte sie wirklich verstanden?

Eine Weile liefen sie wortlos Hand in Hand nebeneinander her, versicherten sich einander ab und zu mit zärtlichen Blikken ihrer Zuneigung, blieben stehen, umarmten und küssten sich. Dann gingen sie weiter, unterhielten sich, auch wieder über Jos Lieblingsthema, die Musik. „Kennst du eigentlich unsere Musikszene hier? Die Puhdys sind 'ne tolle Truppe, und Kristall, kennst du die, ‚Über sieben Brücken musst du gehen'?" Jo musste zugeben, dass er davon nur sehr wenig wusste, eigentlich gar nichts.

Als sie den Park durchquert hatten, deutete Ingrid auf ein Café direkt am Ausgang. „Wollen wir da einen Kaffee trinken?"

„Ja, gerne, aber ich hab' kein Geld dabei, Ost, mein ich, den Mindestumtausch gebe ich immer gleich bei Sofia ab, ich brauch ja nichts davon." Er grinste. „Normalerweise ..." Ingrid schlang ihre Arme um seinen Hals, drückte ihre Lippen an sein Ohr. „Komm, ich lad dich ein, in mein Lieblingscafé."

Auch die nächste Nacht verbrachten sie wieder zusammen.

Jo war aufgewühlt, fand kaum Schlaf zwischen den intensiven Momenten des Zusammenseins. Als er wieder mal so dalag und an die Zimmerdecke starrte, dämmerte ihm, was ihn an dieser Wohnung so irritierte. Alle Wände und die Decken waren weiß. „Keine Farbe" passte nicht zu dem, was er von Ingrid wusste, wie er sie in ihrer Gefühlswelt wahrgenommen hatte. Er nahm sich vor, Ingrid danach zu fragen, am Morgen, wenn auch sie wieder wach war. In seine Gedanken drängte sich unwillkürlich die Erinnerung an „seine" anderen Frauen.

Was war so anders mit Ingrid?

Mit Wolfgang hatte er vor Jahren, bei seinem ersten Besuch in Sofias neuer Heimat, ein sehr vertrauliches, tiefgehendes Gespräch geführt, an das er sich in diesem Moment wieder erinnerte. Er hatte herausfinden wollen, wie ernst und aufrichtig der es mit seiner Schwester meinte.

Aber das Gespräch verlief ganz anders. Plötzlich ging es nicht mehr um Wolfgangs Gefühle, Pläne und Absichten, sondern um Jos traumatisch belastete Ansichten Frauen gegenüber. Sein Bild war geprägt von der wenig mütterlichen, aber meist strengen und zurückweisend erlebten Mutter, die ihm den Vater nahm, aber ihre Lebensfreude mehr oder weniger offen mit Männern teilte, die er nicht kannte.

Ihm, Jo, sollte das nicht passieren! Er drehte den Spieß um. Wenn eine Frau zu kompliziert wurde, verließ er sie, wandte sich der nächsten Gelegenheit zu, die sich ihm bot. So empfand er Genugtuung, hängte vielleicht, wenn die Frau besonders eindrucksvoll gewesen war, ein weiteres Foto in seine Sammelmappe. Im Kreis der pubertierenden und spätpubertierenden Heranwachsenden verschaffte ihm dies Ansehen und Bewunderung.

Natürlich galten seine Vorurteile nicht für seine Schwester Sofia. Sie war immer ein ganz besonderer Mensch gewesen, weit entfernt von derartigen Beschreibungen.

Nie hatte sich Jo einem Menschen in solcher Tiefe und Verletzlichkeit anvertraut wie seinem neuen Schwager in diesem Gespräch. Doch wem sonst sollte er mehr vertrauen als dem Mann, der seiner geliebten Schwester Sofia ein glückliches, liebevolles und erfüllendes gemeinsames Leben versprochen hatte?

Gaststätte? Kaffee? Bei Jo drängte sich ein Déjà-vu ins Bewusstsein: Plauen (Oben), Plauen (Unten). Aber nichts war so in diesem Café. Keine Bedienung mit weißen Schürzchen, nicht der strenge Geruch nach Bohnerwachs, keine Herren, die aussahen wie Schlapphüte aus dem amerikanischen Kino.

In der Mehrzahl Frauen in Ingrids Alter.

Natürlich erregten sie Aufsehen. Als offensichtliches Liebespaar, Ost-West noch dazu, er als Westler zu erkennen an seiner modischen Kleidung und dem Haarschnitt und beide ungemein gut aussehend zusammen. Jo nahm das zur Kenntnis, so gelassen er nur konnte. Ingrid schien das überhaupt nicht zu beeindrucken. Sie war, fand er, un-be-schreib-lich cool!

„Woher kennst du eigentlich Wolfgang?", wollte Jo wissen, nachdem der Kaffee serviert worden war und die Bedienung sich wieder entfernt hatte. Die Frage hatte er Sofia schon mal gestellt, aber dabei war es um Wolfgang und Sofia gegangen. Jetzt ging es um Ingrid und ihn, Jo!

„Ich kenne Wolfi seit dem Studium in Jena. Wir mögen uns, aber wir hatten nie was miteinander. Er war irgendwie nicht von dieser Welt, wenn du weißt, was ich meine, er war, glaube ich, auf der Suche nach seiner Traumprinzessin. Wir haben uns dann in Gommla wieder getroffen, purer Zufall! Er war Lehrer und ich Erzieherin in der Krippe dort.

Seine Diplomarbeit hat mich beeindruckt: ‚Die suppressiven Aspekte in den Märchen der Gebrüder Grimm'. Seitdem sehe ich die Märchen mit ganz anderen Augen, habe erkannt, wie bedrohlich sie für Kinderseelen sein können. Vielleicht hat das Thema auch was mit seiner eigenen Kindheit zu tun? Wir haben viel über die Diplomarbeit diskutiert, aber nicht über seine Kindheit."

„Und wie bist du dann an deine neue Position in der Kreisstadt gekommen?", hakte Jo nach.

„Ich habe schon als Kind unter einer Wirbelsäulenverkrümmung gelitten. Irgendwann ging's nicht mehr, die Schmerzen wurden unerträglich, die Medikamente immer stärker und wirkungsloser. Die Kinder auf die Schaukel heben, von der Rutsche runterpflücken, auf den Boden setzen, aufs Töpfchen, vom Töpfchen runter, du weißt schon. Es ging einfach nicht mehr. Deshalb war ich froh, als der Rat der Stadt mir hier eine andere Position anbot."

„Welche?"

„Hört sich für dich sicherlich irgendwie ..." – sie liebte dieses Wort „irgendwie" – „... total bürokratisch an: Mittelsteuerung und Produktionsplanung im Bereich Kinderbetreuung; also, das ist nuu ..." – das lang gezogene „nuu" hatte sie so richtig thüringisch drauf, fand Jo, unwiderstehlich! – „... eher was vom Schreibtisch aus."

Dann wechselte sie unvermittelt das Thema.

„Sag mal: Ich hab' letztes Jahr deine Mutter kennengelernt. Sie kommt ja zwei- bis dreimal im Jahr zu Sofia, versteht sich ganz doll mit Wolfi!"

„Hat sie auch von mir erzählt?" Jo kannte die schwatzhafte Seite seiner Mutter. „Jaja, auch von deinem Bruder Robert, mehr von ihm. Ist er denn inzwischen Arzt geworden?"

„Ja, er macht gerade seinen Facharzt als Internist."

„Tatsächlich? Und du, du hast Dolmetscher gelernt, sagt Soffi jedenfalls", fragte Ingrid nach einer kurzen Pause, drehte sich nun ganz zu Jo, suchte seinen Blick. Sie legte ihre Hand auf Jos Arm und bemerkte, dass er fragend die Augenbrauen hochzog.

„Ach so, ja, lustige Geschichte. Ich nenn deine Schwester Soffi. Ich glaube, das muss ich dir erklären.

Sie hat ja auch hier studiert, hat aber beim Umzug ihre gesamten Zeugnisse verloren. Es gab nur noch eine Bestätigung von ihrer Schule, dass sie die damals besucht hatte. Und in der stand als Vorname eben Sophie drauf. War für unsere Behörden hier kein Drama, es reichte trotzdem für die Zulassung zum Studium, das war das Wichtigste. Aber seither heißt sie eben für mich immer noch Soffi!"

In der Tat hatte sich Jo gewundert, wie seine Schwester, die als Heranwachsende nicht mal die Mittelstufe geschafft hatte, in der DDR die Möglichkeit bekommen hatte, studieren zu können. Das also war die Erklärung! Natürlich ließ sich Jo nichts anmerken, konnte aber nur mit großer Mühe ein Grinsen unterdrücken. So gründlich also arbeitete die Staatssicherheit! Seine eigene Schwester hatte die berüchtigte Stasi hinters Licht geführt. Wenn das Wolfgangs Eltern rauskriegten.

Ingrid sprach jetzt das Thema Bundeswehr nicht mehr an.
Jo auch nicht.
Und doch konnte sich Jo des Eindrucks nicht erwehren, dass er schon wieder belauscht wurde. Warum sprachen die beiden Damen da am Nebentisch nicht miteinander, wenn er sich mit Ingrid unterhielt? Und warum hielten sie Jos Blick nicht stand, wenn er sie ansah. Er fragte Ingrid, ob ihr das auch aufgefallen sei. Sie sah ihn entgeistert an und sagte nur: „Schatz, du siehst Gespenster! Und wenn, lass doch die Stasi rausfinden, dass wir miteinander schlafen. Ich hätte kein Problem damit."

Da war es raus. Er spürte, wie er schamrot anlief. Es war kindisch von ihm, so fand er, geradezu naiv, Ingrid mit seinem Westler-Albtraum zu konfrontieren.

Sofia hatte sich seit Jos Ankunft und in seiner Gesellschaft in den letzten beiden Tagen etwas erholt. Die Kopfschmerzen waren immer noch da, aber leichter zu ertragen, wie sie sagte.

Am dritten Tag nach seiner Ankunft war ein Arztbesuch vereinbart, der jedoch verschoben werden musste, weil Sofia wieder einen Rückfall hatte. Sie war unfähig, ihr verdunkeltes Schlafzimmer zu verlassen, so stark waren die Schmerzen. Erst am nächsten Tag konnte Jo seine Schwester zum Arzt begleiten. Wolfgang musste zu seinem großen Bedauern an einer kurzfristig einberufenen Lehrerkonferenz mit dem Parteisekretär teilnehmen. Seit er in der neuen Position war, kam es öfter vor, dass er außerhalb seiner normalen Arbeitszeiten dienstlichen Verpflichtungen nachzugehen hatte.

Ihm selbst war das nicht recht, Sofia hörte es am gepressten Tonfall, mit dem er umständlich erklärte, dass eine renommierte Schule mit politischer Bedeutung eben höheren Einsatz und auch mal Opfer fordere.

Die Schulleitung hatte ihm zu verstehen gegeben, dass seine wissenschaftlich fundierten Literaturkenntnisse zur Fortbildung des Lehrerkollegiums von großem Nutzen seien und gebraucht würden. Zur ständigen Verbesserung des sozialistisch-demokratischen Erziehungswesens.

Doch schon wenige Stunden nach dem Arztbesuch war dieser leidige Umstand vergessen. Sofia war nicht schwer krank, allein das zählte. Ihre Untersuchung in der Berliner Charité hatte keine neuen, zusätzlichen Erkenntnisse zutage gefördert. Kein Tumor also. Sofia und ihr Bruder waren unendlich erleichtert, und als Wolfgang spät am Abend heimkehrte, traf er die beiden mit glänzenden Augen im Wohnzimmer an. Die Flasche Rotwein war bis auf eine Pfütze geleert. Wolfgang entkorkte eine zweite. Die Frage, was denn die Kopfschmerzen auslöste, wenn es kein Tumor war, nahm jeder der drei unbeantwortet mit ins Bett.

Als Jo am nächsten Morgen verkatert die Küche betrat, war sein Schwager schon wieder in der Schule. Sofia sah nur kurz auf und nickte, bevor sie fortfuhr, im großen Topf auf dem Herd zu rühren.

„Alles okay?"

Wieder nickte Sofia, diesmal wie zu sich selbst, bis sie schließlich im Rühren innehielt und sich zu ihrem Bruder umwandte.

„Nein, gar nichts ist in Ordnung. Ich hab' mich wirklich bemüht, aber diese Familie bleibt mir ein Rätsel. Ich kann doch nichts dafür, dass sie sich jemand anderen an Wolfgangs Seite gewünscht haben." Sie biss sich auf die Lippen, doch dann brach es aus ihr heraus, dass ihre Schwiegereltern sie nicht wahrnähmen, dass sie nicht mit ihr redeten, über nichts, dass sie sich hängen gelassen fühle.

„So intelligent, aber doch unfähig, mir meine westliche Herkunft nachzusehen."

„Und du meinst, das belastet dich so, dass du Kopfschmerzen bekommst?"

„Ich weiß es nicht, aber so was kann einen wirklich krank machen. Auch von Wolfgangs Brüdern will keiner was mit mir zu tun haben." Sie blickte ihn nachdenklich an, bevor sie Richard, den Mittleren, ausklammerte. Er habe sogar beim Umzug geholfen. Das betone auch Wolfgang immer wieder, wenn sie versuche, mit ihm darüber zu reden. Aber er habe einfach zu viel um die Ohren, und sie wolle ihn nicht weiter damit belasten.

„Er sagt, wir brauchen seine Familie nicht. Hauptsache, wir verstehen uns. Aber so richtig verstanden fühle ich mich in dem Punkt auch nicht. Ich bin froh, dass ich wenigstens mit Ingrid drüber reden kann."

Sie schob den Topf vom Herd, füllte Kaffee in die Kanne und setzte sich damit zu Jo an den Tisch.

„Sag mal, ist es beim Bund so, wie Vater es immer erzählt hat?"

„Mitnichten."

Jo goss sich Kaffee in eine Tasse und schluckte die Frage nach Ingrid hinunter. Seine Schwester wollte offensichtlich nicht weiter darüber reden. Bedächtig nahm er den ersten, heißen Schluck und begann zu erzählen, wie mühsam er seinen Weg in die militärische Laufbahn empfunden hatte und wie heftig der Bruch gewesen war, mit dem er seit dem Tag seiner Einberufung zu kämpfen hatte. Und zu alldem habe er sich selbst verflucht, Tausende Male, dass ihm seine Laufbahn den Kontakt zu ihr so erschwere. Daran habe er nie gedacht.

Sofia winkte ab. „Konnte doch keiner wissen, dass es mich hier im Osten so erwischt. Vielleicht hat Wolfgang doch recht. Ich sollte mehr an das denken, was ich alles habe. Zwei gesunde, fröhliche Kinder, eine schöne Wohnung in der Kreisstadt, einen lieben, erfolgreichen Mann mit einem gesicherten Einkommen und eine wundervolle Freundin." Und mit diesen Worten beendete sie das Thema und kam wieder auf seine Militärdienstzeit zu sprechen. Sie wollte wissen, ob es nicht schrecklich schwierig gewesen sei, als Soldat eine Reisegenehmigung in die DDR zu bekommen.

„Keine Ahnung, wieso es so gut geklappt hat, ehrlich." Jo dachte an den undurchdringlichen Gesichtsausdruck seines Kommandanten, als er ihm die Bewilligung des Besuches mitgeteilt hatte, und war sich doch sicher, ein wohlwollendes Lächeln dahinter erkannt zu haben. „Aber ich habe ein gutes, fast vertrauliches Verhältnis zu meinem Chef, und er hat mir dabei geholfen. Ich glaube, er wollte damit zeigen, wie sehr er meine Arbeit schätzt."

„Und wie ist das für dich, dass du nicht mehr deine eigenen Entscheidungen treffen kannst? Gerade du warst doch immer so eigenwillig, und jetzt bist du so richtig eingeschnürt in dieses militärische System."

Jo sah seine Schwester lange an. „Ehrlich gesagt, am Anfang war es die Hölle. Aber jetzt habe ich was gefunden, wie ich auch da meinen eigenen Weg gehen kann. Ein paar Haken waren nötig, und ich ..."

„Haken? Was für Haken?"

Jo winkte ab. „Zu kompliziert. Letztendlich bleibe ich ein halbes Jahr länger, dafür ist meine Rückkehr ins Zivilleben viel Erfolg versprechender."

Er leerte seine Tasse und schlug vor, einen kleinen Ausflug zu machen und Wolfgang mit einem besonderen Leckerbissen beim Abendessen zu begrüßen. Vielleicht könne man ja heute die Zutaten für Griegeniffte auf dem Markt ergattern.

Sie hatten Glück. Alles, was sie für das Abendessen brauchten, konnten sie finden, und sie machten sich mit ihrer Beute auf den Heimweg.

„Ich freue mich so sehr, mal wieder mit dir zu kochen." Sofia strahlte ihren Bruder an. „Das wird eine großartige Überraschung für Wolfgang."

Pünktlich um fünf hörten die beiden, wie die Wohnungstür geöffnet wurde. Geräuschvoll wie immer landete der Schlüsselbund in der Messingschale im Flur. Es dauerte eine Weile, bis er seine

Aktenmappe ins Wohnzimmer gebracht und sich seiner Jacke entledigt hatte, die er achtlos in seinen Sessel geworfen hatte. Als er im Durchgang zur Küche stand, sah Sofia auf den ersten Blick, dass er einen anstrengenden Arbeitstag gehabt haben musste. Sie ging auf ihn zu, nahm ihn in ihre Arme und sah ihm fragend in die Augen. Er gab ihr einen flüchtigen Kuss und erwiderte ihren Blick.

„Ein grässlicher Tag, typisch Freitag, da spielen alle verrückt. Ich bin richtig geschafft, tut mir leid. Ich hab' auch keinen großen Appetit."

„Aber Schatz, riech doch mal, schau, was wir zusammen gekocht haben, Jo und ich!"

Tatsächlich schlich sich ein Lächeln in Wolfgangs Gesicht, als er einen schnuppernden Hund imitierend den Duft einsog, der vom Herd kam. „Is' nich' wahr, Griegeniffte, grüne Klöße zum Sauerbraten! Das ändert die Sache natürlich gewaltig." Seine Miene hellte sich auf. „Seid mir bitte nicht böse, aber die Arbeit in Gommla war um einiges entspannter als die Position hier. Wie war denn euer Tag? Habt ihr was unternommen mit den Kurzen? Wo sind die eigentlich?"

Sofia drehte sich zu ihrem Bruder um. „Griegeniffte lösen jedes Problem", erklärte sie vergnügt, mit einem verschmitzten Lächeln in Wolfgangs Richtung.

Nach dem Abendessen lud Wolfgang seinen Schwager zu einem Spaziergang ein. Eigentlich hatte Jo keine Lust dazu, aber Wolfgang ließ nicht locker.

Kaum hatten sie den Feldweg erreicht, knuffte er seinem Schwager gegen den Arm.

„Die Ingrid hat's dir wohl angetan. Schaffst 'e das mal, einen Abend ohne sie zu verbringen?", frotzelte er unbekümmert los. „Ich kann's ja verstehen, sie ist eine sehr lebenslustige Frau. Und ungemein attraktiv, nicht wahr?"

Jo konnte ein Lächeln nicht unterdrücken. Dass seinem Schwager das nicht entgangen war, verwunderte ihn nicht.

„Kennt ihr beiden euch schon länger?"

„Seit dem Studium in Jena. Wir lieben beide die Natur und waren öfter wandern. Hat sie dir davon erzählt?"

„Aber ja, wir haben über alles möglich geredet. Sie ist sehr aufgeschlossen."

Jo kickte einen Stein vom Feldweg. Es raschelte im Blätterdickicht des Kohlrabifeldes. So weit das Auge blicken konnte, reihten sich die bestellten Felder der LPG zu riesigen Flächen aneinander. Weder Bäume noch Sträucher schienen erlaubt, wo die landwirtschaftliche Nutzflächenbewirtschaftung Planerfüllung einforderte.

Er sollte das Thema wechseln, doch Wolfgang war plötzlich stehen geblieben.

„Sag mal", zwei Augen musterten ihn neugierig, „wie läuft denn dein Leben so, jetzt, wo du bei der Armee bist? Ich war ja nie bei den Vaterlandsverteidigern, wegen meiner schlechten Augen. Wolltest du nicht eigentlich, wenn schon, zum Grenzschutz?"

Wolfgang hatte bei seinen letzten Worten den Spaziergang wieder aufgenommen. Schweigend liefen sie durch die Felder, nur die Kiesel zwischen dem Sand knirschten unter ihren Sohlen. Jo suchte nach Worten, doch alles, was ihm einfiel, schien zu banal, und mit seinen Zweifeln musste er seinen Schwager nun wirklich nicht behelligen. Aber was sollte er, durfte er ihm sagen? Mit einem Blick zur Seite versuchte er herauszufinden, ob er eben im Begriff war, ausgefragt zu werden, oder was hinter der Neugier seines Schwagers stecken mochte. War es nicht so, dass dieses Thema zwischen ihnen tabu sein musste, und hatte er dies nicht beim MAD ausdrücklich so dargestellt? Zum ersten Mal fühlte Jo sich unwohl bei einem Gespräch mit seinem Schwager. Hatten die Nähe und Eindringlichkeit der Belehrung beim „S1" die Leichtigkeit des Umgangs mit dem Mann seiner Schwester in diesem Moment eingeholt? Jetzt, als sich Jo unwillkürlich an die Kernsätze dieser Belehrung erinnerte und erschrocken über das war, was in ihm vorging. Wieder ging sein Blick über die Felder, wohl in der Hoffnung, irgendwo Orientierung zu finden.

Wolfgang schien diese Zweifel nicht bemerkt zu haben und plapperte scheinbar vergnügt weiter.

„Was machst du denn, außer nach den Russen Ausschau zu halten?" Wolfgang lachte und hob die Hand an die Stirn wie ein spähender Indianer. „Ne, im Ernst. Es interessiert mich einfach, wie es dir dort geht. Du sollst mir ja keine militärischen Geheimnisse anvertrauen, erzähl einfach von deinem Leben dort."

„Also, wenn ich nicht gerade nach Russen Ausschau halte, verrichte ich meine täglichen Pflichten wie vorgeschrieben." Jo steckte die Hände in seine Hosentaschen und erzählte von seinem ersten Tag in der Kaserne, seinen täglich neuen Erfahrungen mit einer offensichtlich anderen Kultur, referierte, als keine Nachfragen kamen, eher amüsiert über das in seinen Augen unlogische System von Dienstgraden.

„Und Literatur?", fragte Wolfgang schließlich. Ob denn seine Kameraden auch so viel läsen wie er und was denn so gelesen werde, wie er die Stimmung in der Truppe erlebe, was man von Tradition und neuen Bündnissen halte.

„Das mit der Truppenbücherei hat mir deine Mutter gesteckt." Wolfgang grinste. Für eine Sekunde blitzte in Jos Erinnerung das Gespräch mit seinem Kommandanten über seine Pflicht zu schweigen auf. Verletzte er die bereits, wenn er über die Stimmung innerhalb der Truppe redete?

Aber es war doch absurd, hier zwischen den Kohlrabiäckern über militärische Geheimnisse ausgefragt zu werden. Er betrachtete seinen Schwager aus den Augenwinkeln, konnte jedoch nicht ausmachen, ob sich hinter dieser Frage die pure Neugier, das Interesse am Leben seines Schwagers verbarg oder vielleicht doch etwas anderes bedeuten konnte. Das Gesicht, in das er sah, als sie kurz stehen blieben, verriet nichts von alledem; sein Gegenüber blickte ihn auffordernd an, locker, ohne erkennbare Spannung.

Als Jo sich antworten hörte, klang es in seinen Ohren hölzern.

„Ich kümmere mich nicht sonderlich darum, meine Arbeit findet hauptsächlich in der Schreibstube statt." Dann weiter, wieder lockerer. „Aber mal was anderes. Ich mache mir große Sorgen um Sofia! Was meinst du, steckt hinter ihren Kopfschmerzen? Ein Tumor ist es ja Gott sei Dank nicht. Aber was dann? Ich weiß, du hast viel zu tun in deiner neuen Position, aber vielleicht solltest du ein bisschen mehr Zeit mit Sofia verbringen. Ich denke, das würde ihr guttun."

Wolfgang schwieg eine Weile, bevor er antwortete.

„Ich bin so oft zu Hause, wie ich nur irgendwie kann, und habe den Eindruck, Sofia kommt gut damit zurecht." Er stockte. „Aber so eine neue Aufgabe nimmt einen eben doch mehr in Anspruch, als man dachte."

Aha – die „Man-Formulierung". Die kannte Jo aus früheren Gesprächen mit Wolfgang. Sobald ein Thema brenzlig wurde, verfiel er in diese unpersönliche Formulierung, so, als trage ein anderer die Verantwortung dafür.

Er wollte ihm das nicht als Absicht ankreiden, nahm sich aber vor, das Thema am nächsten Tag noch einmal zu vertiefen und auf Antworten zu drängen.

14. Kapitel:
Beim MAD

1970

Unmittelbar nach der Rückkehr von seinem Sonderurlaub bei seiner Schwester meldete sich Josef Baumann beim MAD zum Rapport.

Solange er bei Sofia und ihrer Familie gewesen war, hatte er den Gedanken an diesen Termin meist erfolgreich verdrängen können.

Es waren Sofia, ihre Gesundheit, ihre Genesung, die Arztbesuche, Untersuchungen und Gutachten, die ihn beschäftigten und bewegten.

Und natürlich Ingrid!

Nie zuvor war es ihm so schwergefallen, den Heimweg anzutreten, gestand er sich ein. Was Sofia betraf, war er nicht mehr so alarmiert, nicht mehr so panisch; sein Besuch hatte ihr wieder Zuversicht gegeben. Und ihm selbst hatte er gezeigt, dass allein schon seine geschwisterliche Fürsorge, seine Anwesenheit ihr helfen konnte und guttat.

Er hatte sich ein Bild verschaffen können von ihrem Zustand, dem medizinischen Hintergrund, von Behandlungsoptionen.

Wenn nur endlich ein Anhaltspunkt gefunden würde, der erklärte, was diese Kopfschmerzattacken auslöste, dann könnte man gezielt vorgehen, resümierte die Hausärztin. Man würde jetzt sehr viel stärker die psychosomatischen Aspekte in die Untersuchungen einbeziehen. In der eher gestelzten Sprache der medizinischen Gutachter war zu lesen: Als Auslöser für den vorliegenden Befund könnten langfristig wirkende psychologische Effekte „im Umgang mit Veränderungen" von Sofias Lebenssituation nach der Umsiedelung gelten.

Nur zu gerne teilte er, Jo, die Hoffnung der Ärzte, man könnte auf diesem Weg zu einer gesicherten Diagnose kommen, zur Behandlung und Heilung seiner Schwester.

All das würde er bei der Anhörung beim MAD überzeugend vorbringen. Er würde im Truppenunterricht berichten können, wie das Gesundheitswesen in der SBZ funktionierte. Zumindest das, was er im Zusammenhang mit der Erkrankung und Behandlung seiner Schwester dort kennengelernt hatte. Und er könnte den aufwendigen bürokratischen Weg des SBZ-Besuchers vom Besuchsantrag bis zur Anmeldung nach der Ankunft und der Abmeldung am Abreisetag bei den dortigen Meldebehörden beschreiben. Vielleicht würde er auch seine ständige Verunsicherung in der Zeit des Grenzübertritts von der BRD in die SBZ bis zur Wiedereinreise nach „Deutschland" zu Protokoll geben. Über all das hatte er sich täglich in einem Heftchen Notizen gemacht.

Er hatte ja schließlich einen Auftrag zu erfüllen.

Das beschäftigte ihn.

Er könnte das Warensortiment und das Preisniveau in einem HO-Laden beschreiben, von den vergleichsweise niedrigen Mieten und den mitunter sehr bescheidenen Wohnstandards in einfachen Häusern auf dem Land berichten. Aber auch vom umfassenden System der staatlichen Kinderbetreuung in Horten und Kinderkrippen.

Kinderkrippen?

Was würde er denn von Menschen erzählen, die er dort, außerhalb der besuchten Familie, kennengelernt hatte? Wäre „Mittelsteuerung und Produktionsplanung bei der Kinderbetreuung" ein Thema, das irgendjemanden beim MAD oder bei der Truppe interessieren würde? Die hintergründige, unerwartete und unangemessene Leichtigkeit, die sich in diese letzten Gedanken eingeschlichen hatte, verflog schlagartig, als ihm bewusst wurde: Das mit Ingrid würde er dem MAD berichten müssen!

Sofias einfache Definition des Familienmitglieds würde wohl nicht ausreichen. In diesem Punkt galt es, genau zu werden, bis ins kleinste Detail. In jedes?

Jo beschloss, sich sorgfältig vorzubereiten. Er fragte sich, ob er gegen Regeln verstoßen oder seinen „Auftrag" richtig verstanden und gewissenhaft ausgeführt hatte.

Die Nacht vor dem Termin verbrachte er unruhig. Er ließ die Themen, die er sich auf einem Zettel notiert hatte, immer wieder Revue passieren, bis er am frühen Morgen ein wenig Schlaf fand.

Diesmal waren es nicht nur feuchte Hände, die Jo an sich bemerkte, als er der MAD-Kommission gegenübersaß. Es war im gleichen Besprechungsraum beim Wehrbereichskommando, in dem damals auch schon seine Sicherheitsüberprüfung stattgefunden hatte. Die Ausstattung war betont nüchtern gehalten, unpersönlich fand er, ganz das Gegenteil von einladend. Sie bestand aus einem querstehenden massiven Holztisch, hinter dem die Mitglieder der Kommission mit dem Rücken zur Fensterfront Platz genommen hatten.

Und einem kleinen Tischchen, etwa zwei DIN-A4-Ordner breit, mit Stuhl, der für den zu Befragenden in der Mitte des Raumes stand.

An den Wänden waren schmucklose Bilder verteilt, Motive aus oberbayerischen Gebirgslandschaften, rahmenlos, hinter spiegelndem Glas.

Zwei Offiziere und drei in Zivil gekleidete Herren saßen Jo gegenüber. Nach der Begrüßung übernahm einer der Zivilisten die Initiative zur Befragung. Jo fühlte sich sehr unwohl, spürte den Schweiß auf seiner Stirn und unter seinen Achseln.

Die Herren wollten wissen, wie er seine Schwester vorgefunden habe und was die Ärzte gesagt hätten. „Sagen Sie uns einfach mal, wie es ihr geht, Herr Baumann." Der Herr blickte Jo freundlich an, beinahe verbindlich.

Jo holte tief Luft, versuchte, sich zu entspannen, war erleichtert über diese Frage. Eine, auf die er sich richtig gut vorbereitet hatte. Er sprach frei, wurde immer flüssiger, ruhiger, beschränkte sich auf das, was er für das Wichtige, Wesentliche hielt.

Am Ende keine Nachfragen, nur: „Dann hoffen wir für Sie, Herr Baumann, dass die Gesundheit Ihrer Schwester wieder vollkommen hergestellt werden kann!"

Unvermittelt kam die nächste Frage, die schon nicht mehr so unverfänglich schien. „Wie war das bei der Ein- und Ausreise?"

Jo bemerkte, dass der Fragesteller den Begriff „SBZ" vermied, antwortete aber unverzüglich. Auch gab er an, dass er sich wie bei den Reisen der Vorjahre äußerst unwohl gefühlt hatte bei Kontakt mit den Behördenvertretern an der Grenze und bei den Meldebehörden.

Einer der Offiziere fragte nach. „War es so wie immer, Fahnenjunker Baumann, war etwas anders oder hatten Sie vielleicht auch nur das Gefühl, dass irgendetwas anders war?"

„Es war so wie immer, Herr Oberstleutnant", antwortete Jo. „Darf ich hinzufügen, dass ich mich gewundert habe, dass mein Status als Bundeswehrangehöriger nicht zu zusätzlichen Maßnahmen oder Kontrollen geführt hat?"

„Oder Sie haben es bloß nicht bemerkt", kommentierte der Zivilist. Das klang nicht scharf oder auffordernd, eher nach einer belanglosen Floskel, die diesen Aspekt abschließen konnte und wohl auch sollte.

Belanglose Bemerkungen, wie Jo fand, zur Wohnungssituation der Familie und die Frage, ob sich deren wirtschaftlichen Verhältnisse merklich geändert hätten, konkreter wurden die Erkundigungen nicht. Als zur Sprache kam, ob er, Josef Baumann, auch Kontakt zu anderen Personen außerhalb des Familienkreises gehabt habe, wurde ihm plötzlich wieder heiß.

Jetzt war es so weit, er musste von Ingrid berichten. Wer sie war, wie er sie kennengelernt hatte, wie Ingrids Beziehung zur Familie war und wie sich seine eigene zu ihr entwickelt habe.

Wo sollte er anfangen? Wo war das, was er sich zurechtgelegt hatte? Was so harmlos klingen sollte, so unverfänglich, so distanziert, nichts, was auch nur im Geringsten seinen militärischen Auftrag hätte gefährden können. Es rumorte in ihm seit dem Tag, an dem er seine sichere Orientierung verloren hatte. Es war so einfach gewesen. Hier im Westen waren die Guten, drüben im Osten waren die Bösen. Zweifel daran wurden jeden Tag aufs Neue widerlegt. Durch die Presse, die wöchentlichen Truppeninformationen. Auch durch die Wirklichkeit? Sein Mund war schrecklich trocken, er schluckte ein paar Mal, bis ihn ein Zwischenruf unverhofft erlöste:

„Ingrid Jung, Fahnenjunker! Wie konnten Sie sich nur darauf einlassen? Hatte man das Thema nicht in der Sicherheitsbelehrung aus-drück-lich angesprochen? Aber es ist ja, Gott sei Dank, nichts passiert, oder, Fahnenjunker? Oder?", fragte der Oberstleutnant nach einer elend langen Pause eindringlich nach.

Jo war konsterniert, dann erleichtert.

Was war eigentlich passiert, fragte er sich. Militärisch, im Sinne seines Auftrags eigentlich nichts, oder?

Zögernd begann er von ihrem ersten Abend zu berichten.

Nachdem sie die ersten Sätze gehört hatten, sahen die Herren sich an, der Zivilist unterbrach ihn. „Herr Baumann", sagte er beruhigend, schaute Jo wieder freundlich an, dann an die anderen Mitglieder der Kommission gewandt: „Ich denke, mehr müssen wir zu diesem Sachverhalt von Ihnen nicht hören."

„Wie war das denn mit Ihrem Schwager, dem Herrn, wie heißt er noch gleich? Ja richtig, Herr Bacher."

Jo stockte. Das war doch keine ernsthafte Frage. Der wusste doch genau, wie Sofias Mann hieß!

Erst nach ein paar Sekunden gelang es ihm, sich wieder auf die Befragung zu konzentrieren. Er war ungemein erleichtert, dass das Thema „Ingrid" so glimpflich ausgegangen schien und keine weiteren, möglicherweise peinlichen Nachfragen kamen.

„Zu meinem Schwager, Herrn Bacher, habe ich ein ausschließlich familiäres Verhältnis", spulte Jo nun seinen vorbereiteten Text runter. „Wir haben uns darauf festgelegt, dass wir über keine politischen Themen sprechen. Ich habe den Eindruck, dass er diese Einschränkung und meine Verpflichtung zur Verschwiegenheit akzeptierte und respektierte. Die Sicherheitsbelehrung hatte mir hierzu ja eindeutige Grenzen gesetzt."

„Danke, Fahnenjunker, für Ihre Ausführungen. Nur noch eine Frage von mir", und mit Blick zu den anderen Herren der Kommission fragte der Oberstleutnant, „wenn Sie erlauben, meine Herren?"

Die Herren nickten zustimmend.

„Ist Ihnen, Fahnenjunker, am Verhalten von Herrn Bacher irgendetwas aufgefallen, irgendeine Veränderung zum vorherigen Mal, als Sie sich sahen?"

Auf diese Frage war Jo nicht vorbereitet. Er hatte auch keine Erklärung dafür, dass sie überhaupt gestellt wurde.

Entsprechend inhaltslos fiel seine Antwort aus: „Nein, Herr Oberstleutnant, eigentlich nicht." Und dann doch noch: „Er hat jetzt eine neue Aufgabe in seinem Gymnasium in der Kreisstadt. Die fordert ihn ziemlich, hab' ich den Eindruck. Er hat jetzt viel mehr Verpflichtungen, sagt er. Politisch oder kulturell, Genaues weiß ich nicht, wollte ich auch nicht wissen."

„Danke, Fahnenjunker. Ich habe keine Fragen mehr an den Fahnenjunker Baumann", sagte er, und an die Kommission gewandt, „noch irgendwelche Fragen von Ihnen?"

Die Herren schüttelten die Köpfe und einigten sich, die Befragung zu beenden und den Soldaten zu entlassen.

Jo Baumann verließ das WBK wie in Trance. In dem Dienstwagen, der ihn zu seiner Einheit zurückbringen sollte, versuchte er, seine Gedanken zu ordnen. Was war jetzt eigentlich passiert?

Er musste sich eingestehen, dass es nicht überraschend war, dass der MAD seine Mittel hatte, seinen, Jo Baumanns Aufenthalt in der DDR zu überwachen. Irgendetwas anderes anzunehmen wäre naiv. Am meisten beschäftigte ihn der Gedanke, wie, wo und durch wen das mit Ingrid beobachtet worden war. Es schüttelte ihn bei dem Gedanken daran, dass all das, was er mit ihr erlebt hatte, beobachtet worden sein könnte und dass es nun – wie detailliert auch immer!!! – in seiner militärischen Akte stand.

Ingrid. Er dachte an die Momente des Glücks zurück, ihre langen Gespräche über nichts, dann an ihren Cafébesuch. Er wollte nicht zulassen, dass ihm das, was er da erlebt hatte, vom MAD weggenommen wurde. Oder gar? Nein, diesen Gedanken wollte er nicht zulassen. Oder von der Stasi? Er spürte, wie die Tränen in seine Augen schossen, wie es ihn schüttelte. Es durfte einfach nicht sein! Nicht Ingrid! Nicht die Frau, die ihn an seiner weichsten, verwundbarsten Stelle erlebt hatte, der er sich geöffnet hatte wie zuvor noch keiner anderen. Er rutschte tiefer in den Rücksitz des Dienstwagens, bis er den Hinterkopf des Fahrers nicht mehr sah. Bis zum Kasernentor musste er sich wieder unter Kontrolle kriegen. Er schluckte noch ein paar Mal, trocknete seine Tränen mit dem Ärmel seiner Uniformjacke und richtete sich wieder in seinem Sitz auf.

Fast war er dankbar, dass da noch ein anderer Gedanke war. Die Fragen nach seinem Schwager Wolfgang, was hatten die zu bedeuten?

Wieder verbrachte der Fahnenjunker Baumann eine unruhige, kurze Nacht.

15. Kapitel:
Zurück aus Thüringen

Zwei Monate nach seiner Rückkehr aus Thüringen wurde Jo zum Fähnrich befördert. Die kurze Zeremonie fand im Büro des Majors statt, sein Kompaniechef wohnte ihr bei, knurrte gehorsam ein „Gratulation, Fähnrich Baumann" und machte sich wieder davon.

Weder der Bataillonskommandeur noch der Kompaniechef hatten seinen Termin beim MAD erwähnt, und Jo wusste nicht, was er davon halten sollte. Es stand ihm der Sinn absolut nicht danach, von sich aus diese Anhörung zu thematisieren; weder wollte er die „Geschichte mit dieser Frau" seinen Vorgesetzten gegenüber kommentieren noch von sich aus sein Leid mit den Folgen ein weiteres Mal durchleben. Die unerträgliche Vorstellung, dass er in seinen engsten Stunden mit Ingrid nicht allein gewesen war, und dass er sie, seine große Liebe, wohl nie mehr dazu fragen können würde.

Und doch konnte er sich mit der absoluten, offensichtlichen Folgenlosigkeit des Verlaufs und der Ergebnisse des Termins beim MAD nicht abfinden. Zu wenig wusste er über die Mechanismen der Geheimdienste, um klar einschätzen zu können, was von dem, das da besprochen wurde, Bedeutung hatte und was nicht. Hatte er sich anfangs noch mit der Erkenntnis zufriedengegeben, dass er keinen unmittelbaren Schaden in seiner weiteren Laufbahn erlitten hatte, fühlte er sich zunehmend unwohl bei dem Gedanken, dass der MAD seine Informationsquellen in Stellung gebracht hatte, um ihn, Josef Baumann, zu überwachen. Was mochte den MAD dazu veranlasst haben? Hatte die Tatsache ausgereicht, dass da ein Bundeswehrsoldat in die SBZ reiste, also die reine Routine, oder gab es irgendwelche Zweifel an seiner, Jos Integrität als Vaterlandsverteidiger?

Seinen Auftrag, im Truppenunterricht über die Punkte zu informieren, die er sich dafür zurechtgelegt hatte, war, wie befohlen, abgearbeitet, damit schien das Thema seines ungewöhnlichen Besuchs in der „SBZ" bundeswehramtlich erledigt zu sein. Es gab seines Wissens nach keine Nachfragen, keinen Nachlauf, keine Folgen.

Es kamen auch keine Briefe mehr aus Thüringen. Nicht von seiner Schwester, und nicht von Ingrid. Vor seiner Abreise hatte Jo „die Familie" und Ingrid gebeten, nur in Notfällen den Briefkontakt zu suchen und dann ausschließlich über die Anschrift von Jos Mutter und an ihren Namen adressiert.

Mit seiner Beförderung zum Fähnrich hatte sich die Frage nach seiner Integrität in seinen Augen erledigt.

Aber eine Frage blieb offen, eine, für die ihm keine Antwort einfallen wollte, nicht konnte: Ingrid!

Er hatte seiner Mutter davon erzählt, dass er eine Frau kennengelernt hatte. Mehr nicht. Es verging kein Tag, an dem er sich nicht gefragt hatte, ob er die Ereignisse und Erlebnisse der letzten Tage und Wochen „richtig" zuordnen konnte oder ob es etwas gab, was er übersehen hatte. Nie wagte er es, den Gedanken, dass es zwischen seinem Erlebten und dem Wissen des MAD eine Verbindung geben könnte, weiterzudenken. Wenn er sie nur fragen könnte, dachte er, und wusste doch im gleichen Moment, dass ihm dazu der Mut fehlen würde. Außerdem war er sich sicher, dass seine Telefongespräche mit der „SBZ" ebenso überwacht wurden wie seine Briefwechsel. Schon aus Routine. Als Folge der Aktenlage. Dieser Gedanke hatte etwas Beruhigendes für ihn, entließ ihn aus der momentanen Umklammerung.

Seine Mutter hatte von ihrem kürzlichen Besuch bei Sofia Nachrichten mitgebracht. Er traf sie in einem Café in der Nähe der Kaserne, in dem sie sich nach seiner Grundausbildung schon öfter verabredet hatten.

„Stell dir vor, sie haben tatsächlich ein Medikament gefunden, mit dem deine Schwester inzwischen tageweise vollkommen schmerzfrei ist!", wusste sie zu berichten, „sie hat jetzt eine intensive psychotherapeutische Behandlung und Begleitung, das ist die Therapie, mit der sie ihre Diagnose überprüfen wollen. Und sie scheint anzuschlagen!"

Jo war erleichtert. Das hatte er seiner Schwester – und sich! – so sehr gewünscht. „Großartig. Endlich kommt Bewegung rein. Wann fährst du wieder hin? Wie geht's den Kindern? Was meinst du: Hat sie von Wolfgang die Unterstützung, die sie jetzt braucht?"

„Sofia muss weiterhin alle drei Wochen nach Berlin, zur Untersuchung in der Charité. Wolfgang bemüht sich nach Kräften um einen beruflichen Wechsel in die Hauptstadt, damit da mehr Ruhe reinkommt."

„Da hat doch immer Ingrid ausgeholfen, was ist denn aus der geworden?", wandte Jo ein.

„Die war überhaupt nicht da, irgendetwas ist da schiefgegangen mit ihrer Planstelle. Du hast sie ja kennengelernt, nicht? Bei deinem letzten Besuch? Ihre beste Freundin, gehörte irgendwie schon zur Familie, ist aber nicht mehr da."

Die Nachricht traf Jo wie ein Blitz: „Wie meinst du, nicht mehr da?"

„Einfach weg eben. Sofia ist untröstlich, aber sie hat Verständnis für Ingrid. Ich weiß auch nicht, was da war, sie wollte es mir am Telefon nicht erzählen."

Am weiteren Gespräch mit seiner Mutter nahm Jo kaum noch teil, hörte ihre Stimme nur noch im Hintergrund, wie in einem schlecht synchronisierten Film. Es gelang ihm schließlich, sich aus seiner plötzlichen Beklemmung zu lösen, sich davonzumachen, mit dem Hinweis auf einen dringenden Termin, den er in seiner Einheit noch wahrzunehmen hatte.

Dass er seine Mutter in dieser Situation ziemlich ratlos zurückließ, konnte er nicht ändern, er hatte jetzt wirklich andere Sorgen.

Schon ein halbes Jahr später, zwei Monate vor Ende seiner zweijährigen Dienstzeit, wurde Josef Baumann zum Leutnant ernannt. Man legte ihm nahe, seine Option auf eine Verlängerung seiner militärischen Laufbahn doch genauer in Betracht zu ziehen.

Jo jedoch konnte sich ein Leben als Soldat nicht länger vorstellen, nicht nur wegen Sofia.

16. Kapitel:
Fertig mit der Bundeswehr?

1972

Jo erhielt den Befehl, sich zu einem „Führungsgespräch" bei seinem Kommandeur, dem Major, zu melden.

Meist hatte solch ein Termin nichts Gutes zu bedeuten. So sehr Jo auch nachdachte, er hatte nicht den geringsten Anhaltspunkt, worum es dabei gehen könnte.

Seit er zum Leutnant befördert worden war, hatten sich die Spannungen zwischen ihm und seinem Kompaniechef Busse eher verschärft. Der war inzwischen zwar Hauptmann geworden, saß aber, sehr zu seinem Verdruss, seit mehr als zwei Jahren immer noch auf dem gleichen Kompaniechefsessel.

Leutnant Josef Baumann meldete sich zum befohlenen Termin militärisch korrekt im Vorzimmer und wurde sofort zum Major durchgelassen.

Der saß an seinem Schreibtisch am Fenster, umgeben von Papier und Unterschriftsmappen, schaute kurz auf, machte eine einladende Handbewegung und murmelte ein: „Nehmen Sie Platz, Baumann!"

Er nannte ihn schon seit einiger Zeit schlicht „Baumann", verzichtete weitgehend auf das, wie er sich ausdrückte, „militärische Brimborium".

Dann erst wandte er sich Jo zu, legte den Kugelschreiber aus der Hand, lehnte sich bequem in seinem mächtigen Chefsessel zurück, verschränkte die Arme und sah seinen Besucher freundlich und aufmunternd an.

„Sie wollen uns also wirklich verlassen, Baumann? Sie haben bis hierhin doch eine bemerkenswerte Karriere hingelegt, das ist uns allen klar. Zum Leutnant in nur 22 Monaten! Es gibt nicht viele, die das vor Ihnen geschafft haben, aber alle sind auf dieser Laufbahn weitergegangen. Nehmen Sie das ruhig als ganz persönliche Anerkennung von mir, auch, wenn Sie sich für ein Leben außerhalb des Militärischen entschieden haben.

Was sind eigentlich Ihre beruflichen Pläne, Baumann, wenn Ihre Zeit hier bei uns zu Ende geht?" Und, nach einer kurzen Pause, als Jo mit seiner Antwort zögerte, fuhr er fort: „Gibt's denn da schon was Konkretes?"

Mit solcher Fürsorge seines Chefs über das Ende seiner Militärlaufbahn hinaus hatte Jo nun wirklich nicht gerechnet.

„Nein", musste er kleinlaut zugeben, „nicht so direkt ..." Auch er hatte sich nach all den Monaten auf den beinahe schon zivil-vertrauten Ton im Umgang mit seinem Vorgesetzten eingestellt. Das fühlte sich deutlich besser an als der eher raue Ton auf dem Kasernenhof.

„Ein ehemaliger Kamrad ist gerade dabei, in seiner Firma einen Bereich Produktentwicklung und Controlling aufzubauen." Der Major sagte immer „Kamrad", wenn er von ehemaligen, befreundeten Offizieren sprach.

„Das ist eine tolle Geschichte, was ganz Neues, mit Zukunft in diesem Technologiekonzern, Sie wissen schon, den wir bei der letzten Offiziersweiterbildung besucht haben, vor einem Monat. Der Kamrad ist also noch auf der Suche nach einem, der ihm den Laden organisiert, einem, der vernünftig ist und geradeaus denken kann. Keinesfalls will er einen Ingenieur, die sind ihm zu einspurig, sagt er. Wäre das was für Sie? So, wie Sie den Bücherladen auf Vordermann gebracht haben, alle Achtung. Endlich lesen die Landser wieder."

Er sagte über seinen Schreibtisch, in Jos Richtung und mit einer Hand als Schalltrichter an seinem Mund: „Wenn sie nicht grade besoffen sind." Er lehnte sich wieder zurück, grinste immer noch, rollte mit den Augen und fuhr dann wieder ernsthafter fort. „Also, Baumann, denken Sie mal drüber nach. Ich seh' ihn nächste Woche, den Kamrad. Bis dahin will ich Rückmeldung von Ihnen.

Wegtreten und weitermachen!"

„Jawohl, Herr Major!", mehr brauchte es nicht bei ihm, kein Hackenknallen, keine Abmeldung. Jo verließ das Büro, musste erst mal ins Freie, um das, was da eben gewesen war, noch einmal Revue passieren zu lassen. Er stand vor dem Gebäude, holte tief Luft, sah nach links und nach rechts, um zu entscheiden, wo er eher ungestört bleiben könnte, und setzte sich dann langsam in Bewegung. Egal wohin.

Was bewog einen Major, sich über die berufliche Zukunft eines Zivilisten Gedanken zu machen? Gewiss, Jo hatte sich Achtung und Respekt erworben, auch mit der Umstrukturierung der Truppenbücherei.

Als er die Aufgabe übernommen hatte, hatten da nur ein paar Kisten mit Büchern herumgelegen. Die letzte registrierte Ausleihe hatte laut Register ein halbes Jahr zurückgelegen. Das Buch war nicht zurückgegeben worden, der Ausleiher vermutlich längst aus seiner Wehrpflicht entlassen. Das Register gab nicht mehr her als Titel und Autor des Buches, Ausgabedatum, Name des Ausleihers, Rücklaufdatum.

In der „Arbeitsanweisung für Politische Bildung in der Truppe" hatte Jo den entscheidenden Hinweis für sein Vorhaben gefunden. Seit die Nachkriegspolitik das Prinzip der inneren Führung von „Staatsbürgern in Uniform" als Leitgedanken für die Streitkräfte in einer demokratischen Gesellschaft geprägt hatte, waren die Vorgesetzten aufgefordert worden, neben der soldatischen Ertüchtigung auch für angemessene Bildungsangebote zu sorgen.

Das erklärte den Stellenwert dieser Aufgabe, die er Jo zugewiesen hatte.

Jo Baumann hatte sich was einfallen lassen für „seine" Truppenbücherei und sich bei einem befreundeten Bibliothekar Rat geholt. Mit dessen Empfehlungen hatte er das marode Leseareal aus seinem Dornröschenschlaf geweckt und von Grund auf umgekrempelt. Hatten vorher wenig einladende Exemplare der Gattung „Landser-Romantik" und ein paar abgegriffene Kriminalromane den Kern des kaum nachgefragten Angebots ausgemacht, zerfledderte, vergilbte Schwarten mit aufgeklebten Ausleihnummern, wurde jetzt die gesamte Palette einer zeitgemäßen, aktuellen Bücherei angeboten. Das Ausleihsystem wurde auf EDV umgestellt, ebenso wie die Archivierung, Titelaktualisierung, Ausmusterung und Neubeschaffung.

Jo hatte für dieses Projekt einen Leitfaden mit detaillierter Beschreibung erarbeitet, in dem stand, wie die Organisation, der Betrieb und das Controlling einer Truppenbücherei aufzubauen und zu unterhalten sei. Dieser wurde nach gründlicher Prüfung schließlich vom Wehrbereichskommando als bindende Richtlinie für andere Bataillone festgeschrieben und befohlen.

Er, Jo Baumann, hatte also damit auch zum gestiegenen Ansehen seines Kommandeurs im WBK beigetragen.

Sollte dieses eher zufällige Kaffeegespräch mit dem Verteidigungsminister Schmidt am Rande einer Vertrauensleutetagung der Mannschaften vor einem Jahr was damit zu tun gehabt haben? Natürlich war Jo stolz darauf, dass sein Kommandeur ihn zur Teilnahme an dieser Tagung vorgeschlagen hatte. Dass er ausgewählt war, erfuhr er durch seinen Marschbefehl, ausgestellt noch am gleichen Tag. Jo erinnerte sich, dass der Minister sich in dieser bemerkenswert offenen und lockeren Unterhaltung mit ihm sehr interessiert auf seine Darstellung „der Geschichte mit der Truppenbücherei" eingelassen hatte. „Hier ist wohl endlich mal das Thema Staatsbürger in Uniform konkret angegangen worden! Das möchte ich mir genauer ansehen. Wie war noch Ihr Name? Und Ihre Einheit?" Jo schrieb beides auf einen Zettel, dazu noch das Thema „Neue Organisation der Truppenbücherei im WBK VI" und reichte ihn dem Minister, der ihm dankte und sich bereits einem weiteren Tagungsteilnehmer zugewandt hatte.

Ja, mit diesem Gedanken konnte er das überraschende Angebot seines Kommandeurs zu seiner weiteren Laufbahn gut einordnen.

17. Kapitel:
Die nächste Karriere

1972

Der Abschluss seiner militärischen Laufbahn verlief unspektakulär.

Einen letzten Termin beim MAD hatte er wahrnehmen müssen. Routine, wie man ihm erklärte, verpflichtend für einen Offizier mit familiären Bindungen in die SBZ. Und tatsächlich waren sowohl die Fragen als auch die Antworten wenig überraschend. Aber dann kam die Frage, ob er noch Kontakt zu „wie war noch gleich ihr Name, Ingrid Jung?" habe.

Er spürte augenblicklich, wie sich sein Gesicht rötete, Schweiß aus allen Poren schoss, er rang nach Luft und Haltung. Lange war es ihm gelungen, den Gedanken, dass er Ingrid wohl mit dem MAD hatte teilen müssen, zu verdrängen. Er hatte sich gezwungen, nur den unbelasteten Momenten mit ihr einen Platz in seiner Erinnerung einzuräumen. Und nun stand sie wieder vor ihm, in voller Größe, unvermeidlich, die Frage: Was hatte Ingrid damit zu tun?

Wieder traf es ihn mit voller Wucht, und es fühlte sich für ihn an, als ob Minuten vergingen, bis er, viel zu leise, endlich antwortete: „Nein, Herr Oberstleutnant."

Nach seinem Wehrdienst hatte er tatsächlich den Job beim „Kamrad" angenommen, hatte berufsbegleitend Marketing und Design auf der Fachhochschule studiert.

Schon bald übertrug man ihm die Organisation der Entwicklungsabteilung, die er in der Folgezeit zielgerichtet zum Vorstandsbereich ausbaute.

Der Umgang mit streng abgeschirmten militärischen Geheimnissen war ihm zum ständigen Begleiter geworden. Immer wieder empfing er Vertreter von Geheimdiensten in seinem Büro oder im abhörsicheren Konferenzraum.

Er pflegte weiterhin Kontakt zu „seinem" Major; der freundschaftliche Umgangston tat ihm gut inmitten all dieser Geheimniskrämerei. Er war sich sicher, dass er mit ihm ungezwungen Gedanken austauschen konnte, auch außerhalb der „Strengvertraulich-nur-für-den-Dienstgebrauch-Themen".

Als Mitte der Achtzigerjahre ein Spionageskandal die Republik erschütterte und der MAD auch sein Büro auf Hinweise untersuchte, war es der Major, der mit seiner Aussage und seiner Kenntnis von Jos Umfeld den entscheidenden Hinweis geben konnte, der den Bereich Produktentwicklung als vermutete „undichte" Stelle entlastete. Er wusste aus seinen Gesprächen mit Jo, dass erst die Einspeisung der Software das betroffene System funktionsfähig machte. Und diese wurde in einem ausgelagerten Zulieferbetrieb entwickelt, unter der Zuständigkeit und Verantwortung des Bereichs „Elektronik".

Zeitungsberichten zufolge waren Kopien der Systempläne in der Sowjetunion aufgetaucht; der MAD konnte, so wurde gemutmaßt, die Spuren des Verrats in die „SBZ" verfolgen. Für Kenner der Gepflogenheiten, die Nachrichtendienste anwenden, um sich – egal ob Freund oder Feind – die „Beute" abzujagen, war hier von einem Geheimdienst ein Köder ausgelegt worden, den der Falsche geschluckt hatte.

Eine Prüfung des Sachverhalts durch die unternehmenseigene interne Revision ergab schließlich, dass die Weitergabe der Pläne zwar ärgerlich war, die wesentlichen technologischen Merkmale sich jedoch aufgrund einer wirkungsvollen Verschlüsselung in den Händen Unbefugter als vollkommen wertlos und unbrauchbar erwiesen.

Die Ermittlungen wurden Jahre später ergebnislos eingestellt.

Seine ungewöhnlich steile militärische Karriere war für Jo, auch wenn er sich das nur sehr ungern eingestand, der Schlüssel für seine Erfolge im zivilen Leben.

Dafür hatte er im Gespräch mit früheren Freunden eine Erklärung, die man von vielen erfolgreichen Menschen kannte.

Natürlich habe er hart gearbeitet und auch Glück gehabt. Voraussicht, Können, zur richtigen Zeit die richtigen Entscheidungen getroffen, wie die Geschichte mit dem „FF-Chip". Ja, damit habe er ins Schwarze getroffen, denn dieser habe den Militärstrategen völlig neue Perspektiven in der elektronischen Freund-Feind-Erkennung von Flugkörpern eröffnet. Bei jedem Flugeinsatz aktiviert der Pilot einen Chip, der schon bei der Radarerfassung eines Flugzeugs in seinem Operationsgebiet eine eindeutige Freunderkennung „antwortet". Bleibt diese Antwort aus, wird das eigene Flugzeug auf ALARM gestellt. Die Codierung des Chips wird von der Bodenkontrolle ständig für alle „freundlichen" Flugzeuge im Einsatzgebiet kontrolliert und abhörsicher gesteuert. Gleichzeitig war dieser Chip zur Grundlage für eine komplett neue, äußerst erfolgreiche Produktlinie in seinem Konzern geworden; nach einer vergleichbaren Logik wurden zum Beispiel auch Minen zur Wiedererkennung bestückt, um sie im Falle der Räumung gefahrlos entschärfen zu können.

Als die neue Produktlinie in den Markt ging, hatte er zu einer Präsentation eingeladen; unter den erlauchten, fachkundigen Gästen fand sich „sein" Major!

Jo war in Fachkreisen längst zu einem anerkannten und viel zitierten Experten für Militärelektronik geworden. So richtig stolz war er auf seine Berufung zum ständigen Mitglied des Sachverständigenrats in der Wehrkundetagung. Für ihn war sie Anerkennung seiner großen Kompetenz, in Fachkreisen galt diese Technologie als Aushängeschild für die Innovationskraft der deutschen Wirtschaft.

Jo sah sich auf dem Höhepunkt seiner beruflichen Laufbahn.

Er war „aus dem Nichts" in diesem renommierten Unternehmen in die Etagen der Geschäftsleitung aufgestiegen.

Manchmal vollzog sich dieser Aufstieg scheinbar anlasslos, wie bei der vorletzten Stufe, im zehnten Jahr seiner Unternehmenszugehörigkeit. Keiner aus seinem engeren Kollegenkreis hatte ihm einen Hinweis gegeben, nichts hatte darauf hingedeutet.

Sein Bereichsvorstand hatte ihm in der Mappe für interne Post die Kopie der letzten Vorstandssitzung zukommen lassen.

Unter der Rubrik „Ernennungen/Beförderungen" fand er seinen Namen.

„Josef Baumann, Leiter der Entwicklungsabteilung, übernimmt mit sofortiger Wirkung die neu geschaffene Position ‚Bereichsleiter Produktentwicklung Wehrtechnik'."

Jo bat seinen Vorgesetzten um einen Termin. Er wollte sich für das Vertrauen bedanken, das ihm mit dieser Ernennung entgegengebracht worden war.

Dass er bei dieser Gelegenheit mehr über die Beweggründe des Vorstands erfahren wollte, würde sein Chef sicher verstehen.

Es gelang ihm nicht. In einer kurzen Stellungnahme zwischen Tür und Angel erfuhr er von ihm, dass dies im Zusammenhang mit einer Umstrukturierung des Konzerns stehe. Mit der sei auch er zurzeit intensiv befasst. „Ich hoffe, dass Sie dafür Verständnis haben; auf jeden Fall haben Sie sich das verdient, nicht wahr? Sind Sie übrigens schon in Ihr neues Büro umgezogen? Wenn Sie noch irgendwas brauchen, lieber Herr Baumann, wenden Sie sich ruhig an meinen Assistenten. Sie kennen ihn ja, nicht? Er hat alle Vollmachten. Alles Gute und: Sie entschuldigen mich, ja?" Der Vorgesetzte lächelte, streckte ihm die rechte Hand entgegen und klopfte ihm mit der linken freundschaftlich auf die Schulter.

Bei aller Freude über das Erreichte drängte sich nach beinahe zwei Jahrzehnten in die Routine seines beruflichen und gesellschaftlichen Umgangs zunehmend das Gefühl des Unausgefülltseins, bisweilen gar der Leere. Nicht, dass er dies an einem einzelnen, besonderen oder markanten Anlass festmachen konnte. Er hatte einfach das Gefühl, dass er in seinem Leben noch etwas anderes machen wollte, als sich mit Militär und Militärtechnik zu beschäftigen. So lange Jahre mit diesem Thema, an praktisch sieben Tagen die Woche von morgens bis abends, fand er, waren genug.

Es musste Wege geben, sich wieder frei zu machen. Mit dem Unternehmen würde man sich einigen können. Ausstieg und Abfindung. Er musste nur seine Möglichkeiten nutzen.

So könnte was draus werden, fand Jo, je mehr er diese Überlegungen zuließ.

Wieder mal war es Paule, mit dem er schließlich diesen Gedanken teilte.

Daraus wurde eines dieser längeren Telefongespräche, die sie mindestens einmal im halben Jahr miteinander führten.

Und jedes dieser Gespräche festigte und vertiefte ihre lange bestehende Freundschaft.

Beide hatten in ihren jungen Endzwanzigern Ehen geführt, die schon nach wenigen Jahren wieder zerbrochen waren. Keiner von beiden hatte ein zweites Mal geheiratet. Sie lebten gelegentlich in wenig beständigen, eher lockeren Beziehungen.

Das hatte, so sahen es die beiden Freunde, den Vorteil, dass man in seinen Entscheidungen jederzeit die Wahl hatte, seinem Bauchgefühl oder „vernünftigen Argumenten" nachzugeben.

Natürlich hatte Jo seinem Freund „die Geschichte" mit Ingrid anvertraut; hatte sich und Paule eingestanden, dass er seither auf jeder Party, jeder Feier, jedem gesellschaftlichen Ereignis, das er besuchte, nur noch nach ihr Ausschau hielt.

Jede Frau, auf die er sich einließ, wurde am Vorbild seiner verschollenen und doch so schmerzlich gegenwärtigen großen Liebe gemessen.

Keine konnte ihr gewinnendes, offen unschuldiges Wesen erreichen, keine die unglaublich sanfte Bestimmtheit, mit seinen Eigenarten, Kanten und Unzulänglichkeiten umzugehen, ihn in die Arme zu nehmen in tiefer, unendlicher Vertrautheit. Aber darauf ging Paule selten ein. Er spürte, dass sein alter Freund sich an diesem Punkt selbst finden musste, dass es für ihn um so viel mehr ging als nur um „Frauen, diese ganz anderen Wesen".

„Wir haben oft über deine ungewöhnliche Laufbahn gesprochen, alter Knabe", kam es nachdenklich von Paule, „und du weißt, dass ich nie ganz verstanden habe, wie du als eigentlich durch und durch pazifistischer Mensch dich dein ganzes Berufsleben lang mit Militär und Militärtechnik hast beschäftigen können. Ein Leben für Krieg und Zerstörung, fein zivilisiert am Schreibtisch, weit weg von Tod und Elend."

„Ja, Paule, da hast du nicht unrecht, wir haben das bestimmt schon tausendmal durchgekaut. Ich hab' mir das mit der Wehrpflicht nicht ausgesucht, aber ich hab was draus gemacht. Und ich war so gut, dass es nicht schlau gewesen wäre, meine Chancen anschließend nicht zu nutzen. Weißt du, ich bin absolut sicher, dass ich mit meinem Einsatz und meiner Arbeit militärische Konflikte beherrschbarer gemacht habe. Ich hab' diese Kriege doch nicht erfunden oder vom Zaun gebrochen! Den Erfolg, den ich mit meiner Produktlinie hatte, kann mir keiner mehr nehmen. Heute geht es uns gut, wir leben in einem sicheren Land und ich hab' meinen Teil dazu beigetragen", erwiderte Jo.

Paule ließ sich auf diese alten Diskussionen nicht ein. „Vielleicht bist du zu weit weg vom wahren Leben, alter Freund? Dann wird es Zeit", meinte er, „dass du mal rauskommst aus deinem Elfenbeinturm und schaust, wie es dem gemeinen Volk so geht!"

„Wie stellst du dir das vor, du australischer Wilder?"

„Such dir eine Partei aus, die deine Ideale einigermaßen überzeugend vertritt, und bewirb dich um ein Mandat, zum Beispiel im Bundestag. Das ist was anderes als Börsenkurs und Produktpalette. Lass dich mal drauf ein, was diese Themen mit den einfachen Menschen zu tun haben. Arbeitslosigkeit und Rentenversicherung, verstehst du? Lohndumping, Schwarzarbeit, Krieg im Frieden an der Arbeitsmarktfront. Industriespionage, Patentklau. Da könntest du noch was machen mit deinem Sachverstand. Denk mal drüber nach!"

Jo dachte darüber nach.

Schon wenige Wochen, nachdem er sein Unternehmen verlassen hatte, ging es darum, seine sorgfältig durchdachten Pläne umzusetzen.

Vor ihm lag seine Vision von einem Schritt, mit dem er sich völlig neue Herausforderungen schaffen konnte: die Bewerbung um ein Abgeordnetenmandat im Deutschen Bundestag.

Kein Zweifel, er wurde hochgeschätzt und gebraucht als industriepolitischer Sprecher dieser Partei, der er sich vor kurzer Zeit angeschlossen hatte.

Ein Jahr nach der Wiedervereinigung hatten sich auf der politischen Bühne vollkommen neue Konstellationen und damit Chancen ergeben.

Er spielte seinen Lebenslauf durch, und tatsächlich gab es da so einige Aspekte, die sich in seiner Erinnerung nicht gut anfühlten, mit dem Verlauf seiner ungewöhnlichen Karriere als Soldat fühlte er sich an mehreren Stellen unbehaglich, auch wenn das alles schon weit zurücklag.

Er erinnerte sich an die undurchsichtigen, scheinbar belang- und bedeutungslosen Gespräche beim MAD, zu denen er immer wieder geladen worden war, insbesondere vor und nach seinem Besuch bei seiner Schwester in der DDR während seiner Zeit als aktiver Soldat. Gab es da etwas, von dem er nichts wusste, aber mit dem er in Verbindung gebracht werden könnte? Hatte er sich in seinen Gesprächen mit dem Schwager immer an die Leitplanken gehalten, die ihm vorgegeben worden waren, oder hatte er sich mal verplappert, sich wichtiggemacht und war dabei übers Ziel hinausgeschossen?

Letzte Sicherheit, resümierte er, würde nur eine Anfrage bei der Stasiunterlagenbehörde bringen. Dort konnte man herausfinden, ob irgendwelche Erkenntnisse vorlagen, die für seine Mandatspläne störend, schwierig oder gar bedrohlich waren. Er würde einen Antrag auf Überprüfung stellen, bevor etwa der Verfassungsschutz ihn mit „Erkenntnissen" konfrontierte.

Oder bevor gar der politische Gegner solche gegen ihn verwendete und damit den Höhepunkt seiner Lebensplanung in Gefahr zu bringen imstande war.

ZWEITER BLOCK

1. Kapitel:
Wolfgangs Geheimnis

1966

Ingrid schob ihren Einkaufswagen durch den HO-Laden, der am frühen Nachmittag leer war; die Regale hingegen waren noch voll und die Wartezeiten an den Kassen erträglich.

Der Duft von frischem Brot zog sie an.

„So 'ne richtig leckere Stulle, wie zum Wandern, das wär's jetzt!", dachte sie und lächelte bei dem Gedanken an die Ausflüge, die sie mit Wolfgang durch die umliegenden Hügel und Wälder gelegentlich machte.

Wolfgang. Von dem hatte sie seit Wochen nichts mehr gehört, was sie als sehr ungewöhnlich empfand. Ob sie ihn in den nächsten Tagen mal in seiner Schule mit einem Besuch überraschen sollte?

Ein paar Tage später stand sie nach Schulschluss vor dem Schultor, stellte sich ihrem langjährigen Freund mit ihrem Fahrrad in den Weg und baute sich herausfordernd vor ihm auf. „Wolfi, sag mal, is' was mit dir?", fragte sie ihn, als er ihr nicht mehr ausweichen konnte. Wolfgang sah sich hektisch nach allen Seiten um, bevor er sich Ingrid zuwandte.

„Tach, Ingrid. Was meinst du?"

„Na, hör mal, wir wandern nicht mehr, wir reden nicht mehr, ich hab' das Gefühl, du gehst mir aus dem Weg!"

„Das tut mir leid, Ingrid. Ich hab' im Moment den Kopf voll mit meinem Privatkram und will dich nicht damit belasten."

„Wie bitte? Also was ist das denn für ein Unsinn?" Ihre Stirn legte sich in Falten „Wir haben immer über alles miteinander sprechen können. Hab' ich irgendwas falsch gemacht?"

„Nein, hast du nicht! Aber du hast recht!" Wolfgang kratzte sich am Kinn, der Blick richtete sich nach oben, dann vorsichtig, mit dünner Stimme, aber doch wieder im Augenkontakt mit seiner Freundin sagte er: „Wollen wir uns am Sonntag zu einer kleinen Wanderung treffen? Auf die Idahöhe? Dann reden wir über alles, ja?"

Das Wetter war ideal, leichte Bewölkung unter einem blauen Morgenhimmel; der Regen der letzten Maiwoche hatte für etwas Abkühlung gesorgt. Man traf sich rucksackbepackt, wie immer, an der Bushaltestelle und fuhr ein paar Kilometer raus aus Gommla. Ingrid und Wolfgang genossen gleichermaßen die Natur und das gemeinsame Wandern auf ihrer Tour.

„Hör mal, Ingrid, lass uns erst mal 'ne Weile wandern, ja?", schlug Wolfgang vor. Ingrid sah ihm fest in die Augen und lächelte ihn an. „Na klar, Wolfi!"

Dann gingen sie los, nebeneinander her, tauschten hier und dort ein bangloses Wort.

Nach gut zwei Stunden strammem Tempo durch dichten Mischwald im hügeligen Gelände fanden sie eine Lichtung, wie geschaffen für eine Rast.

Sie nahmen die Rucksäcke ab, Wolfgang breitete auf dem Gras unter einer ausladenden Buche eine Decke aus, und sie machten es sich dort gemütlich. Die Stullen wurden ausgepackt, Ingrid hatte für jeden ein hart gekochtes Ei mitgenommen, Wolfgang holte die Flasche Wasser aus seiner Provianttasche. Sie waren ein eingespieltes Wanderteam. Die Rucksäcke wurden unter die Köpfe geschoben, und die beiden erfreuten sich an dem Ausblick auf das malerische Tal mit der gemächlich dahinfließenden Weißen Elster im Thüringer Wald.

„Ich freue mich, dass du dir die Zeit genommen hast", unterbrach Ingrid nach einer Weile die Stille zwischen ihnen, die durch Vogelgezwitscher untermalt wurde. „Möchtest du mir sagen, was du auf dem Herzen hast, was dich so beschäftigt?"

Wolfgang hatte während der ersten Etappe ihrer Wanderung versucht, seine Gedanken so zu ordnen, dass er bei Ingrid für sein Dilemma Verständnis finden könnte.

„Ich hatte dir doch von dem Westbesuch erzählt, der im März unsere Familie in Jena überraschte", begann er bedächtig. Als Ingrid nickte, fuhr er fort. „Ich meine Sofia, die Frau meines Cousins Richard mit ihrer kleinen Tochter Bianca."

„Jaja, ich kann mich erinnern, du hast mir ja wochenlang von den beiden vorgeschwärmt."

„Ingrid, ich schwärme immer noch, jetzt aber eher heimlich."

„Wie meinst du das denn?"

„Wir haben uns ineinander verliebt, Sofia und ich. Hoffnungslos."

„Bist du verrückt, Wolfi?", krächzte Ingrid, wie vom Donner gerührt. „Sie ist verheiratet, deine Cousine zweiten Grades, und sie ist eine Bürgerin der BRD! Bist du noch zu retten?" Ihre Arme fuchtelten wild über ihrem Kopf herum. „Wie stellt ihr euch das denn vor?" Ingrid hatte sich mit einem Ruck aufgesetzt, sich zu Wolfgang gedreht und schaute ihn jetzt gespannt aus großen Augen an.

„Ihre Ehe ist schon kurz nach Biancas Geburt zerbrochen. Jetzt hat sie die Scheidung eingereicht. Sie wird zu mir kommen und wir werden heiraten!"

Der Aufschrei, der Ingrid in diesem Moment unwillkürlich entfuhr, war nicht mehr zurückzuholen.

Wolfgang saß da, erschrocken, ebenso wort- wie hilflos.

„Weiß deine Familie davon?", fragte Ingrid, als sie sich wieder halbwegs unter Kontrolle hatte.

„Nein, außer dir weiß es keiner."

„Du wirst es ihnen sagen müssen, und sie werden dich kreuzigen! Eine geschiedene Westlerin in dieser Familie! Wie willst du das machen?"

„Die können mich mal, alle miteinander. Ich werde Sofia heiraten, und wir werden unseren eigenen Weg finden. Ich brauche diese Bande nicht, nicht einen einzigen von denen!"

Ingrid saß mit offenem Mund da. So aufgebracht hatte sie den sonst so empfindsamen, in sich gekehrten Wolfi noch nie erlebt.

Es waren wieder die Vögel und das leichte Rauschen in den Wipfeln der Bäume am Waldrand, die das Schweigen übertönten.

Ingrid spürte die Entschlossenheit ihres Freundes.

„Du wirst Hilfe brauchen, Wolfgang." Ihre Stimme klang jetzt ruhiger. „Ich werde mich um die beiden kümmern, wenn du möchtest. Sie werden Orientierung brauchen in dieser völlig anderen Welt. Wann werden sie denn kommen?"

Wolfgang umarmte sie. „Noch in diesem Jahr."

2. Kapitel:
Familie Bacher

Es war ungewöhnlich, dass Wolfgang seine Familie aufsuchte. Man hatte sich damit abgefunden, dass er, der jüngste Spross, in seiner eigenen Welt lebte und für gesellschaftspolitische Aufgaben im Sozialismus keine Verantwortung übernehmen würde.

Als er seinen Besuch angekündigt hatte, hatte er auch auf hartnäckige Nachfrage keinen Grund oder Anlass nennen wollen.

Die Familie war trotzdem nicht beunruhigt. Was konnte schon kommen von Wolfi? Oder hatte er endlich erkannt, dass auch er eine Verpflichtung für den Ruf seiner Familie hatte?

Wolfgang war pünktlich, nicht aus Ehrbezeugung für seine Familie, sondern weil er immer pünktlich war.

Die Begrüßung war verhalten herzlich, von beiden Seiten. Wolfgang stellte dankbar fest, dass alle gekommen waren.

Man setzte sich zum Tee. Auch die Brüder waren längere Zeit nicht mehr im Elternhaus gewesen und hatten viel zu erzählen. Wolfgang ließ ihnen gerne den Vortritt. Wie immer.

Bis schließlich die Mutter das Wort ergriff. „Wolfgang, du hast uns alle neugierig gemacht. Natürlich freuen wir uns, dass du dich mal wieder sehen lässt! Wie geht es dir denn so in Gommla? Wie kommst du voran? Bist du noch in dieser Grundschule? Oder hast du große Pläne?"

Jetzt schauten alle erwartungsvoll auf ihn. Das kannte er nur aus seiner Schule, nicht aus dieser Familie.

Nicht, dass er sich Illusionen gemacht hätte. Nichts hatte sich geändert in all den Jahren, seit er dieses Haus nicht mehr betreten hatte. War das noch der gleiche Staub, der auf den oberen Planken des deckenhohen Bücherregals die eigentliche Farbe des massiven Eichenholzes leicht grau erscheinen ließ? Und hätte es sich diese Familie nicht zur Aufgabe machen müssen, den Staub von der eindrucksschweren Bibliothek fernzuhalten, damit nichts an das Verrinnen der Zeit gemahnte? Fast hätten sie ihn in seiner Erinnerung eingeholt, diese Bücher über den

Anarchismus, den russischen, den katalanischen, den andalusischen. Viele der Bücher mit dem Wort Gerechtigkeit im Titel.

Mächtige, dicke und weniger dicke Bücher standen da, in Reih und Glied ausgerichtet wie Soldaten, sie füllten die Regale und gaben der Wand einen unbarmherzigen, drohenden Ausdruck. Unwillkürlich verglich er es mit seinem eigenen Bücherregal in Gommla. Sein Amtsvorgänger hatte ihm das aus Kiefernholz selbst gebastelte Exemplar überlassen. Bücher, Kataloge, Hefte suchten sich ohne erkennbares System übereinanderliegend oder -stehend ihren Platz, den sie selten lange behaupten konnten, so oft wurden sie dort wieder weggeholt, um benutzt, gelesen, mit Notizen bekritzelt zu werden.

Fast schien Wolfgang heute, als wären die schweren Sitzmöbel absichtlich so gestellt, dass sich der Besucher der Wucht der ihn umgebenden Bücher nicht entziehen konnte und unvermeidlich von Gedanken über die sicherlich grandios-bourgeoise Vergangenheit der Sessel abgelenkt wurde.

Wolfgang erkannte den mächtigen Kaktus wieder, der in der ausgezirkelten Mitte der Steinplatte am großen Fenster des Wohnzimmers stand. Wohnzimmer? Dieser Raum?

Auch die Fragen waren die gleichen geblieben. Die alljährliche Planerfüllung und ihr Nutzen für den sozialistischen Arbeiter- und Bauernstaat. Ein leichter Schauer lief ihm über den Rücken.

„Ich habe euch zu diesem Gespräch gebeten", begann er, „um euch mitzuteilen, dass ich heiraten werde."

Die Angesprochenen lösten sich beinahe gleichzeitig aus ihrer entspannt zurückgelehnten Haltung; sein älterer Bruder schaute verstört, sein Vater eher ungläubig auf ihn, den Familienjüngsten.

Ratlosigkeit stand in den Gesichtern seiner Familie.

Seine Mutter schien als Erste ihre Fassung wiedergefunden zu haben: „Sehr schön, Wolfi! Wer ist denn die Glückliche?"

„Ihr kennt sie."

Staunen, alle blickten erst in die Runde, dann zu ihm, Wolfgang.

„Ich werde Sofia heiraten. Wir lieben uns, und sie wird nach Gommla kommen, sobald ihre Scheidung von Richard durch ist."

Jetzt meldete sich, nach einer gefühlten Ewigkeit fassungsloser Stille, der Vater zu Wort. Sein Gesicht war bleich, Ausdruck von Entsetzen oder Zorn oder beidem, die Hände krallten sich in das Leder seiner Armlehnen, der Oberkörper aufrecht, gespannt wie ein Panther vor dem Sprung. „Sofia! Nicht zu fassen!" Er bedachte Wolfgang mit einem unbarmherzigen Blick. „Weißt du, was du damit deiner Familie, uns allen, antust? Eine Bürgerin der BRD? Bist du von allen guten Geistern verlassen? Und noch dazu eine angeheiratete Verwandte!", brach es jetzt aus ihm heraus, jedes Wort lauter als das vorhergehende.

Auf den Donner folgte Stille. Mutter saß wie gelähmt an der Kante ihres Sessels, aufrecht, wie der Vater, aber immer noch entsetzt, mit offenem Mund.

Seine Brüder gingen erst einmal hinaus in die Küche, um sich ein Bier zu holen.

Der älteste schüttelte den Kopf. „Das glaub ich nicht. Der Kleine holt sich eine Klassenfeindin, sauber! Mit allem habe ich gerechnet, aber nicht damit."

Der andere Bruder versuchte erst gar nicht, das zu kommentieren, was der „Kleine" da eben der Familie mitgeteilt hatte, sondern fuhr sich ein ums andere Mal mit der Hand durch sein Haar und murmelte: „Nee nee nee."

„Ich habe nicht erwartet", fuhr Wolfgang ungerührt fort, als die Brüder wieder ins Wohnzimmer zurückgekehrt waren, „dass ihr in Begeisterungsstürme ausbrecht. Es ist mir wichtig, dass ihr frühzeitig Bescheid wisst, und ich hoffe, dass ihr euch dazu durchringen könnt, meine Frau als Teil der Familie zu sehen und nicht als unerwünschte Klassenfeindin.

Ich werde euch rechtzeitig informieren, wenn sie einreist, und würde mich freuen, wenn ich auf eure Unterstützung zählen könnte, wo immer wir die dann brauchen werden."

3. Kapitel:
Die kleine Familie wächst

Sofia und Bianca lebten nun schon seit einem Jahr in Gommla.

Natürlich hatte ihre Ankunft in dem sonst so beschaulichen Dorf Aufsehen erregt. Eine aus dem Westen, geschieden, mit Kleinkind, in der Thüringer Provinz! Das unverkennbare Liebesglück der Jungverheirateten hatte die Menschen aber dann doch sehr berührt. Die Dorfgemeinschaft hatte ihre anfängliche Zurückhaltung aufgegeben und beggnete der Frau des Lehrers mit der gleichen herzlichen Achtung, die sie ihrem Mann entgegenbrachte.

Ingrid war zur großen Stütze in Sofias neuem Leben geworden. Auch Wolfgang bemühte sich, aber in vielen Bereichen waren es der Rat und das Einfühlungsvermögen einer Frau, die ihr die Eingewöhnung erleichterten. Wolfgang war ein wunderbarer Vater für die kleine Bianca; sie hätte sich keinen besseren wünschen können.

Noch vor der Ankunft von Sofia und ihrer Tochter hatte Ingrid zusammen mit Wolfgang nach einer passenden Wohnung für die junge Familie gesucht. Hilfe kam ganz unerwartet vom sonst im Dorf eher als „amtsschimmelig" beschriebenen Rat des Kreises, der die Einbürgerung administrativ begleitete. Seit der letzte Pfarrer vor einem Jahr seine immer kleiner werdende Schar von Gläubigen verlassen hatte, stand die Wohnung im dorfeigenen Gemeindehaus leer.

„Machen s'e das", hatte der Sachbearbeiter beim Rat des Kreises dem Gemeindesekretär von Gommla auf dessen Anfrage hin telefonisch mitgeteilt. Kurz und knapp, ohne den sonst üblichen verwaltungstechnischen Papierkrieg.

„Und machen s'e mir einen Kostenvoranschlag für die Renovierung. Die Hälfte übernimmt der Kreis, hamm s'e das?"

Wolfgang fiel ein Stein vom Herzen. Nun konnte er seiner kleinen Familie eine Dreiraumwohnung mit großer Wohnküche anbieten. Mit Kohlen im Keller zwar, aber dafür auch einem kleinen Gärtchen, in dem man Tomaten und Küchenkräuter ziehen konnte.

Den ersten Winter im neuen Heim hatten sie gut überstanden, der zweite stand bevor. Und ihr erster gemeinsamer Nachwuchs hatte sich für das Frühjahr angekündigt!

Im Sommer hatten sich kurz hintereinander erst Sofias Mutter und dann Jo, Sofias jüngerer Bruder, eingefunden; der hatte tatsächlich vier seiner kostbaren sechs Wochen Schulferien mit seiner Schwester und ihrer neuen Familie verbracht.

Sofia war glücklich, als sie sah, wie gut sich die beiden Schwager verstanden. Die neue Schwiegermutter gab sich zunächst eher reserviert, stand doch noch die schwere Zeit nach Sofias Rückkehr ins Elternhaus zwischen ihr und ihrer Tochter. Mit der tatkräftigen Hilfe von Wolfgang und Ingrid gelang es, in intensiven Gesprächen diesen immer noch schwelenden Konflikt endlich zu bereinigen.

„Danach", so erzählte Wolfgang, „wurde sie von Tag zu Tag redseliger und erzählte viel von dir und deinem Bruder. Eigentlich mehr von dir."

Wolfgang war zum Schulleiter aufgestiegen und hatte nun öfter Termine in der Kreisstadt wahrzunehmen.

Jo und Sofia machten dann mit Bianca kleine Ausflüge in die Gegend, es war beinahe wieder wie damals im Westen. Nur dass die Berge im Thüringer Wald mit Gipfelhöhen von 350 bis 400 Metern vergleichsweise eher Hügel waren, aber sie hatten lustige Namen, wie „Teufelskanzel", „Ziegelschädelwiese" oder „Hirschwiese".

Jo hatte die erste Ferienwoche in Gommla sehr genossen, gerade auch die vielen Gespräche. Er hatte von seiner brenzligen Schulkarriere erzählt und dass er damit rechnen musste, bald zur Musterung einbestellt zu werden.

„Bundeswehr kommt überhaupt nicht infrage", erklärte er, „ich hab' nicht die geringste Lust auf diese Fliegenfängerarmee. Wenn ich mich nicht irgendwie drücken kann, dann gehe ich zum Grenzschutz."

Das ließ seinen Schwager aufhorchen. „Wieso Fliegenfängerarmee?"

„Ihr habt doch bestimmt mitgekriegt, was bei uns so abgeht mit der Bundeswehr; keiner will die wirklich, keiner will die Wehrpflicht, und das Einzige, was die Wehrdienstsoldaten tatsächlich schaffen, ist, Fliegen auf dem Biertisch zu fangen. Der Feind lacht sich tot, wenn die ausrücken. Auch eine Art, einen Krieg zu gewinnen, haha."

Sofia beendete diesen Diskurs ziemlich rigoros. „Habt ihr keine anderen Themen, ihr beiden? Sag mal, Jo, stimmt es, was hier erzählt wird, dass die Beatles Lieder für die Stones schreiben?"

Das war jetzt wirklich Jos Lieblingsthema.

„Stimmt. Da staun' ich aber, dass sich das bis hierher rumgesprochen hat. Ja, zum Beispiel die B-Seite von ‚Satisfaction', kennt ihr die? Nein?

‚We love you', heißt die, und das haben tatsächlich die Beatles für die Stones geschrieben. Genau dieser Song war übrigens auf der Kassette, die mir eure Kontrolleure an der Grenze abgenommen haben."

Nun war es Wolfgang, der sich abrupt zu Wort meldete.

„Hör mal, Schwager, es ist schon spät und wir beiden müssen morgen früh zum Rat des Kreises; du musst deine An-und Abmeldung selbst abgeben. Vergiss nicht, deinen Pass einzustecken."

Jo und Sofia sahen sich erstaunt an. „Ist das eine neue Regelung?", fragte Sofia. „Nein", entgegnete Wolfgang, ohne lange nachzudenken, „das gilt für alle männlichen Besucher aus der BRD, die dort der Wehrüberwachung unterliegen. Das ist doch bei dir der Fall, Jo, oder? Ich wusste das auch nicht und find's ja auch blöd, aber so können wir mal zusammen einen Motorradausflug in die Kreisstadt machen. Ist doch auch was Nettes, wie?"

„Jaja,", meinte Jo, „die Bürokraten! Genau wie bei uns!"

Am nächsten Abend tauchten die Geschwister wieder in ihre Kindheitserinnerungen ein.

„Jo, weißt du noch, damals?"

Sofia zeichnete im Gespräch die Route auf, die Vater genommen hatte, wenn sie wieder einmal auf dem Weg in die oberbayrischen Voralpen gewesen waren, damals, als es noch eine Familie gegeben hatte. Mit Kindern, die mit großem Vergnügen die Begeisterung ihres Vaters für Berge und Schnee geteilt hatten. Wie der alte VW-Käfer sich auf den ungeräumten Landstraßen tapfer durch den Matsch gekämpft hatte. Ski und Schlitten wurden dem Auto auf den Rücken geschnallt; das war praktisch, so nahmen sie keinen Platz im Innenraum weg, und auf dem Rückweg blieb der abtauende Schnee draußen.

Sofia und Jo kannten die Strecke so gut wie ihr Kinderzimmer. Kaum war die Stadtgrenze erreicht, wurde ein paar Kilometer weiter die Ortschaft Neubiberg umrundet und Kurs auf Bad Aibling genommen. Hier waren die vielen Masten, die sich wie riesige Finger in den Himmel streckten, Blickfang und Rätsel zugleich. Immer, wenn sie dort vorbeifuhren, fragten die Kinder ihren Vater, der sonst fast alles wusste, was es damit auf sich hatte, und mussten sich doch immer wieder mit wortlosem Schulterzucken zufriedengeben.

„Jo, weißt du denn heute mehr darüber? Konntest du das Rätsel lösen?"

Erst als es passiert war und Sofia in schallendes Gelächter ausbrach, wurde sich Jo bewusst, dass er, gerade so wie damals sein Vater, mit den Schultern gezuckt hatte. Natürlich wollte er, Jo, es dabei nicht belassen. „Nicht so ganz jedenfalls", ergänzte er, als sich das Lachen wieder gelegt hatte. „Ein Freund von mir aus Bad Aibling, den sie nach München zu den Fernmeldern eingezogen haben, hat erzählt, dass das der größte Horchposten der Amis in Deutschland ist. Hartnäckig hält sich das Gerücht, dass die Sendemasten dort auch etwas mit der Zunahme von Abstürzen der neuen Jagdflieger in dieser Gegend zu tun haben. Genaues weiß man offenbar nicht. Interessiert mich auch nicht. Weißt du noch, wir fanden das damals immer toll, wenn wir bei Dunkelheit aus den Bergen zurückfuhren und das ganze Gelände wie ein riesiger Christbaummarkt beleuchtet war."

„Ja, und manchmal haben wir uns vorgestellt, dass es auch eine Startrampe für eine Mondrakete hätte sein können!"

Wolfgang hatte sich die sprudelnden Kindheitserinnerungen seiner Frau und seines Schwagers quasi aus der Distanz des Unbeteiligten mit entspanntem Lächeln angehört. Dass sich zwischendurch für kurze Zeit sein Oberkörper straffte, sich die Augenbrauen über den vorher eher amüsierten Augen hoben, bemerkten die Geschwister in ihrem Erzählvergnügen nicht.

„Woooolfgaaang? Ob du als Kind auch Ski gefahren bist? Du warst wohl in Gedanken, wie?" Sofia lächelte ihn an.

„Kein Wunder, wir waren ja bei dem Märchen von der Mondrakete! Das war wieder ganz dein Literaturbereich, was, Schwager?", legte nun auch Jo nach.

„Stimmt, aber die blühende Fantasie dafür habt ja wohl eher ihr zwei, oder?", erwiderte Wolfgang mit etwas gequältem Lächeln.

4. Kapitel:
Der Aufstieg

Ein Jahr später war Jo wieder zu Besuch bei seiner Schwester. Frieder war im März auf die Welt gekommen, Bianca war stolz auf ihren kleinen Bruder, und Sofia war stolz auf Wolfgang, der zum Gymnasiallehrer aufgestiegen war. Und das bedeutete: Umzug in die Kreisstadt nach Greiz. Keine Kohlen mehr schleppen, eine schöne, geräumige Wohnung mit fließendem kaltem und warmem Wasser. Sofia war begeistert. „Und keine kalten Füße mehr!"

Sie schauten sich vielsagend in die Augen und lächelten.

Nach dem Abendessen gab es zur Feier des Tages noch Rotwein.

Wolfgang hob sein Glas gegen das Licht und fixierte das dunkle Rot, als gälte es, ein Geheimnis dahinter zu ergründen.

„Ab jetzt muss ich mich neben der Arbeit auch um den Literaturkreis kümmern. Nicht so ein Hin-und Herpendeln wie in Gommla, aber trotzdem: Das eine oder andere Mal werde ich in die Zentrale nach Berlin reisen müssen. Das kriegen wir hin, oder?"

Sofia nickte. „Mein Lieber, da haben wir wahrlich schon andere Schwierigkeiten gemeistert. Weißt du noch, die Geschichte mit den verschwundenen Unterlagen?"

Ihr entfuhr ein Lachen, während sie sich zu ihrem Bruder wandte und den Gesichtsausdruck des zuständigen Beamten imitierte, dem sie erklären musste, dass ihre kompletten Unterlagen und Dokumente bei der Übersiedlung in den Osten verloren gegangen waren.

„Alles Bürokraten. Und ich: kein einziges Zeugnis mehr, kein Führerschein, keine Geburtsurkunde!" Noch während Sofia von den Kopien erzählte, die sie im Rahmen der Umsiedlung bereits eingereicht und somit gerettet hatten, stand Jo auf und klopfte seinem Schwager Wolfgang auf die Schulter.

„Mensch, Glückwunsch! Wie hast du das denn nur geschafft? Erst Schulleiter in Gommla und jetzt Berlinreisen und der Literaturkreis. Hast du bei irgendeiner Vorgesetzten einen Stein im Brett?" Jo setzte ein verwegenes Grinsen auf und winkte schließlich, als Wolfgang nur matt lächelte, ab. „Hast ja Recht. Würde ich auch so machen. Aber sag mal", er taxierte seinen Schwager und dachte wieder einmal, wie streng sich die neue, steile Falte zwischen den Augen in Wolfgangs gutmütigem Gesicht ausnahm, „die Kinder in Gommla ..." Jo schwieg einen Moment, bevor er fragte, ob ihm die nicht fehlten, seine Kurzen, ob nicht ein wenig Wehmut dabei sei, eine Welt zu verlassen, die er doch immer geliebt habe.

„Sicher", unterbrach ihn Wolfgang, und für einen Moment wirkte das Lächeln schief. Doch schon nach den ersten Worten über die vielen Verbesserungen und die Freude, die Sofia seit dem Einzug in die Stadt empfinde, ließ sein Gesicht keinen Zweifel mehr erkennen. Er war jemand, der gut zurückstecken konnte, und der anspruchsvolle Literaturkreis sei für ihn ein Gewinn, wie er versicherte.

Sofia pflichtete ihm kopfnickend bei und ergänzte, dass ihre beste Freundin aus Gommla vor Kurzem auch in die Nähe versetzt worden sei. „Ingrid, die Kindergärtnerin. Hab' ich dir nie von ihr geschrieben, Jo?"

Bevor ihr Bruder antworten konnte, erzählte sie mit glänzenden Wangen, dass Ingrid gerade im Urlaub sei, ihrem ersten, am Schwarzen Meer. Dass er sie aber auf jeden Fall beim nächsten Besuch kennenlerne. „Sie ist eine Seele von Mensch und dazu eine tolle Frau."

„Da bin ich gespannt." Jo streckte sich und fragte, ob sie morgen wieder durch die Stadt laufen würden. Mit Kinderwagen, gemeinsam, wie früher wie mit Bianca. Doch Wolfgang winkte ab. „Besuch aus Berlin", erklärte er achselzuckend und schlug vor, am Abend, wenn er zurück sei, gemeinsam Karten zu spielen oder Musik zu hören.

Sofia seufzte. „Lässt sich das nicht verschieben? Einmal? Jo ist doch da."

„Nein, leider nicht, wir erwarten ein hohes Tier aus dem Schulamt. Der ist für uns ziemlich wichtig. Ich erkläre es dir bei Gelegenheit."

Der Kuss, den er Sofia eilig auf die Stirn drückte, wirkte auf Jo beinahe väterlich. Kaum hatte Wolfgang den Raum verlassen, sah Jo seine Schwester etwas ratlos am Küchentisch stehen. Sie schien nach Worten zu suchen, welche die Situation von eben erklären könnten.

„Schade", sagte sie mit hochgezogenen Schultern, „wieder mal!"

Jo durfte am nächsten Tag den Kinderwagen seines kleinen Neffen schieben; Bianca war in ihrer neuen Kinderkrippe. Auch ihr war die Eingewöhnung dank Ingrids Hilfe nicht schwergefallen. Schnell hatte sie eine Lieblingsfreundin gefunden, mit der sie gerne spielte. Am liebsten Tierärztin. Eine war die Tierärztin, und die andere musste erklären, welcher Affe, welcher Hund oder welches der vielen Tiere, die im Kinderzimmer wohnten, sie wohin gebissen hatte und warum. Die ganze Galerie von Kuscheltieren, die ihr die Oma „von drüben" im Lauf der Jahre als Weihnachts- oder Geburtstagsgeschenk mitgebracht hatte, durfte mitspielen; ein jedes wurde zu seiner ganz eigenen Diagnose des Falles befragt und machte seinen eigenen Heilungsvorschlag.

Sofia wirkte am Tag danach auf ihren Bruder ein wenig bedrückt.

„Geht's dir heute nicht so gut, Sofia?", fragte er besorgt.

„Doch, eigentlich schon."

„Was ist ei-gent-lich?"

„Ich kann mich nicht beklagen, weißt du? Eigentlich! Aber es ist wegen Wolfgang. Er hat immer weniger Zeit für uns, arbeitet immer mehr, länger, öfter. Ständig muss er zu kurzfristigen Sitzungen mit irgendwelchen Arbeitsgruppen oder Zirkeln. Er redet nicht viel drüber. Manchmal wirkt er mürrisch, irgendwie unzufrieden, vielleicht auch einfach nur mit sich selbst, aber er lässt es nicht raus. Damals, in Gommla, da war er richtig fröhlich, ausgeglichen, seine Kurzen haben ihm mit immer neuem Schabernack ständig neuen Grund zu Fröhlichkeit und zum Lachen gegeben. Und das hat er mit nach Hause gebracht. Weißt du, es ist wirklich so, dass auch so manche lang gepflegten Rituale langsam verschwinden: das fröhliche Heimkommen nach dem Arbeitstag, der zärtlich-kleine Kuss und die Umarmung mit mir, der leise Besuch an den Bettchen seiner einschlafenden ‚Racker'. Noch vor nicht allzu langer Zeit hätten ihn keine zehn Pferde davon abhalten können.

Erst letzte Woche ist er bei Bianca am Bettchen eingeschlafen, während er ihr die Gute-Nacht-Geschichte vorgelesen hat. Ich glaube wirklich, dass er sich mit seiner Arbeit überfordert."

Sofias Gesicht verriet deutlich, wie groß ihre Verunsicherung war. „Und er spricht nicht darüber. Verstehst du, dass mich das beunruhigt?"

„Ja, ich glaube schon. Was du da sagst, ist mir auch schon aufgefallen. Ich meine auch, er ist nicht mehr so spontan, nicht mehr so der Spaßmacher. Vielleicht ist es seine neue Position? Gymnasium ist was anderes als Zwergschule in Gommla, das hat er mir selbst gesagt, und das versteh ich ja. Und über den Literaturkreis, der ihn so in Anspruch zu nehmen scheint, spricht er mit mir auch nicht. Nicht, dass ich das nun unbedingt wissen müsste, aber tatsächlich, es ist schon eigenartig.

Ich glaube trotzdem, dass er wieder mehr Zeit für seine Familie haben wird, wenn er erst mal ein bisschen mehr Routine in seinem neuen Umfeld hat. Schau mal, ich finde es einfach großartig, wie er mit Bianca umgeht, und er ist ganz verzückt von eurem gemeinsamen Frieder!"

„Du hast recht. Wenn ich dich nicht hätte! Ich denk mal drüber nach. Es geht mir jetzt schon besser. Manchmal meine ich, es kommt alles vom anderen Klima hier in der Kreisstadt."

„Was kommt vom anderen Klima?"

„Ich hab' öfter mal so eklige Kopfschmerzen, aber meist gehen die auch schnell wieder vorbei."

„Warst du schon beim Arzt?"

„Ja, der hat mir ein Schmerzmittel verschrieben, das hilft auch gut. Mach dir keine Sorgen, Jo. Ich krieg das schon wieder hin. Nächste Woche kommt Ingrid wieder. Mit der will ich mal drüber reden. Die hat immer einen guten Rat für mich."

„Das muss ja wirklich eine Zauberfrau sein, diese Ingrid. Du machst mich richtig neugierig."

„Wart es ab, bei deinem nächsten Besuch wird sie da sein. Ganz bestimmt.

Hast du mal auf die Uhr geschaut? Wir haben uns verplappert, ich muss nach Hause, Mittagessen kochen für eine hungrige Bande!"

5. Kapitel:
Wolfgangs Alltag

Sein erster Arbeitstag als Gymnasiallehrer war beeindruckend gewesen, hatte Wolfgang seiner Frau berichtet. Eine gänzlich andere Welt, auf die er sich da eingelassen hatte, aber nun musste er einen Weg finden, sich damit zu arrangieren.

„Der weite Weg von der Dorfschule zum Gymnasium ist schon für so manchen Schüler nicht einfach, Genosse", begrüßte ihn der Leiter des Gymnasiums, als Wolfgang Bacher sich zum Dienstantritt bei seinen neuen Kollegen im Lehrerzimmer eingefunden hatte. „Unser Erziehungsauftrag für die Jugend im sozialistischen Nachkriegsdeutschland fordert uns alles ab."

An dem kleinen Besprechungstisch im Büro des Schulleiters saß der Kollege Seehauser, der dem Neuen als stellvertretender Schulleiter vorgestellt wurde.

Nach einer kurzen Pause, in der er die Wirkung seiner Worte über seine randlose Brille hinweg beobachtete, setzte er diese einseitige Unterhaltung fort. Wolfgang war irritiert. Er hätte gerne die Pause für ein paar Worte genutzt, um seinerseits den Kontakt zu seinem neuen Vorgesetzten aufzunehmen, ihn seiner Wertschätzung zu versichern, am Entstehen eines kollegialen Klimas mitzuwirken. Er war so gefangen in seiner Enttäuschung, dass bei ihm aus dem weiteren Vortrag kurzzeitig nicht mehr als Bruchstücke ankamen.

Dass ihm ein ausgezeichneter Ruf als engagierter Pädagoge vorauseile, der es verstehe, Kinder mit Leichtigkeit bei ihrem Spieltrieb abzuholen und zur Stofferarbeitung mitzunehmen. Und der sich wohl im Rückblick auf seine eigene Schulzeit erinnere, dass auf dem Gymnasium die Gangart eine andere sei. Fakt sei, dass hier hart gearbeitet werde. Dann erhob er seine Stimme. „Und wer nicht mitzieht, der wird uns kennenlernen." Um dieser Mitteilung den nötigen Kontrast zu verleihen, fuhr er in beinahe väterlichem Ton fort. „Aber ich will

Sie nicht gleich an Ihrem ersten Arbeitstag verschrecken. Ich habe auch gehört, dass Sie einen außergewöhnlichen Fundus an Literaturwissenschaft mitbringen. Ich hoffe, Sie demütigen den Kreis der Kollegen damit nicht. Im Ernst: Wir freuen uns, Sie in unserer Kollegenschaft begrüßen zu können, und sind selbstverständlich jederzeit bereit, Ihnen bei der Einarbeitung mit Rat und Tat zur Seite zu stehen. Also: an die Arbeit! Machen Sie was draus!

Um fünfzehn Uhr möchte ich Sie gern bei mir im Büro sehen, um die letzten Einzelheiten des Dienstplans mit Ihnen zu besprechen, wenn Ihnen das recht ist.

Der Kollege Seehauser wird Ihnen inzwischen das Haus zeigen; er hat hier schon über zwanzig Jahre auf dem Buckel, ist quasi der Dorfälteste in diesem Vivarium. Ist doch so, oder, Genosse Seehauser?"

Er drehte sich um und verließ das Lehrerzimmer, ohne auch nur von einem der beiden Angesprochenen eine Antwort abzuwarten.

Für Sofia klang das nicht sehr erbaulich.

Als Wolfgang ihr abends von der Ansprache erzählte, meinte sie, das sei ganz und gar nicht mit Gommla zu vergleichen. Die Melodie dieses Einstiegs klang in ihren Ohren eher nach Wolfgangs ungeliebtem Elternhaus. Oder auch nach der feldwebelhaften Kommandosprache ihrer eigenen Mutter.

Schon nach kurzer Zeit schien Wolfgang einen Weg gefunden zu haben, sich mit dem rauen Umfeld seines neuen Arbeitsplatzes als Gymnasiallehrer zu arrangieren. Und mehr noch. Es gelang ihm, sich immer mehr von seinen Pflichten als Lehrer zu befreien, um sich mehr seinem Steckenpferd, der Literatur, zuzuwenden.

Mit Unterstützung durchs Kultusministerium, erzählte er begeistert seiner Frau, dürfe er nun auch einen Filmkreis aufbauen, der seine Forschungsarbeit als Literaturexperte ergänzen und abrunden sollte. Man hatte ihm sogar einen Assistenten an die Seite gestellt, Heinrich, der sich um Verwaltungsdinge kümmern sollte.

Sein Schulleiter verfolgte diese Entwicklung seines offenbar prominenten Fachlehrers für Deutsch und Geschichte mit zunehmendem Argwohn und Missfallen; er war gezwungen, den Ausfall an Unterrichtsstunden mit eigenen Mitteln auszugleichen, budgetneutral, wie es in der Anweisung der oberen Schulbehörde hieß.

„Wie soll man das Unterrichtspensum mit solchen ständig abwesenden Überfliegern abdecken? Die übrigen Kollegen sind dadurch zunehmend an ihrer Kapazitätsgrenze", schimpfte er bei jeder sich bietenden Gelegenheit. Bis zur oberen Schulbehörde hatte sich das zwar rumgesprochen, blieb jedoch ohne erkennbare Wirkung.

So erfolgreich sich Wolfgangs berufliche Laufbahn entwickelte, so wenig schien dies der Familie gutzutun. Sofia litt zunehmend unter dem schleichenden Verlust des Familienvaters und Ehegatten; immer stärker fühlte sie sich in ihrer alleinigen Elternrolle gefordert.

Mit ihren Schwiegereltern hatte sie sich arrangieren können; man ging sich aus dem Weg, eine Art von Nichtangriffspakt. So hatten ihre Kinder wenigstens Großeltern, wenn auch nicht sonderlich nahestehende.

Es war ihr sogar gelungen, ein Fernstudium der Sozialpädagogik an der Uni Jena aufzunehmen. Die beiden Präsenztage im Monat konnte sie – morgens hin, abends zurück – mit der Hilfe ihrer Freundin gut organisieren, und die geistige Herausforderung tat ihr gut.

Auch in den ganz anderen nachbarschaftlichen Umgang hatte sie sich gut eingefunden. Ein munterer Kreis aus geselligen Müttern traf sich regelmäßig reihum zu Kaffee und selbst gebackenem Kuchen. Gesprächsstoff gab's immer reichlich: Sonderangebote beim Konsum, Kochrezepte, Kindererziehung, Theater, Kino, die Erzieherinnen oder neue Kinder in der Krippe. Nicht zu vergessen: die „liebe" Verwandtschaft. Sofia war dankbar, dass das Thema Politik in diesem Kreis so gut wie keine Rolle spielte. Ob man dies aus Rücksicht auf die eingewanderte Westlerin so hielt, oder ob die Frauen in diesem Kreis an sich eher unpolitisch waren, wollte Sofia nicht erforschen. Sie nahm es einfach so hin.

Ingrid war ihre einzige und wichtigste vertraute Freundin geblieben. Sie gehörte nach so vielen Jahren beinahe zur Familie. Ihr vertraute Sofia an, dass sie Sehnsucht nach ihrer Familie hatte. „Ich zähle die Monate, die Wochen und die Tage, bis endlich der nächste Besuch kommt. Mutter kann ja öfter kommen, sie kommt auch gerne, die alte Quasselstrippe, aber stell dir vor: Mein Bruder ist zur Bundeswehr eingezogen worden! Für mich kam diese Nachricht völlig überraschend. Er hatte doch, wenn's schon sein muss, wenigstens zum Grenzschutz gewollt, das hatte er noch bei seinem letzten Besuch gesagt. Und jetzt habe ich keine Ahnung, wann ich ihn wiedersehen kann!"

„Ist das sicher? Woher weißt du das denn?"

„Mutter hat's Wolfgang gesagt, am Telefon, vorgestern!"

So sehr Ingrid sich auch bemühte; an diesem Punkt schien Sofia untröstlich. Und ein weiteres Problem konnte sie nicht lösen. Die Kopfschmerzen, klagte Sofia, wurden heftiger, und sie fielen in Attacken über Sofia her, kaum mehr mit den starken Medikamenten zu bekämpfen, die der Arzt immer häufiger verschreiben musste.

Ingrid war beunruhigt; sie nahm sich vor, so bald als möglich mit Wolfgang zu reden.

Die Gelegenheit ergab sich, als sie ihn am Rande der Vorstellung seines neuen Projekts bei der „Filmkunst" beiseiteziehen und kurz alleine mit ihm sprechen konnte.

„Wolfi, ich muss mit dir über Sofia reden. Ich muss, verstehst du?"

„Ingrid, du siehst doch, dass ich mitten im Projekt bin. Können wir nicht ein andermal...?"

„Nein!", unterbrach ihn Ingrid ungeduldig, wie das sonst nicht ihre Art war. „Ich hab' schon ein paar Mal versucht, mit dir darüber zu reden, es ist mir nicht gelungen. Die paar Minuten musst du mir jetzt zuhören."

„Dann raus mit der Sprache. Was ist so Dringendes mit Sofia?"

„Sie leidet, Wolfgang! Ich will mich ja nicht einmischen bei euch. Aber ihr wart mal das glücklichste Paar auf dieser Erde. Was ist passiert? Du hast kaum noch Zeit für deine Familie, und sie ist schlicht überfordert, fühlt sich so alleingelassen, hab' ich den Eindruck!"

„Aber ich mache das doch alles für meine Familie, Ingrid, seht ihr das nicht?

Ich will Sofia und den Kindern was bieten, ich mach das nicht zum Spaß!"

„Na, na, mal ehrlich, Wolfi. Das waren doch schon immer deine Steckenpferde: Literatur und Film! Sogar ich bin beeindruckt, was für einen Aufstieg du hier hingelegt hast. Aber deine Familie wäre auch mit weniger zufrieden, meine ich. Bitte, denk mal drüber nach und rede mit Sofia. Nimm dir wieder Zeit für deine Familie. Sie braucht dich."

Ingrid sah, dass es Wolfgang kaum gelang, sich auf das zu konzentrieren, was sie ihm zu sagen hatte. Sein Blick ging in Richtung des Podiums, wo er wohl jede Sekunde wieder an seinem Platz erwartet wurde. Ingrid ließ nicht locker. Ihre Stimme wurde fest und etwas lauter, als sie energisch nach seinem Arm griff. „Weißt du eigentlich, wie Sofia unter ihren Kopfschmerzen leidet? Wie, sie hat dir nichts davon erzählt? Und du nimmst es nicht wahr? So weit bist du weg von ihr! Siehst du jetzt, was ich meine?"

Wolfgang schien tatsächlich betroffen zu sein, wurde aber zum Podium zurückgerufen.

„Ich verspreche es dir, Ingrid", sagte er im Weggehen.

Sofias Zustand verschlechterte sich weiter. Es gab Tage, an denen sie das verdunkelte Schlafzimmer nicht verlassen konnte.

Sie hatte alle Fachärzte konsultiert, sogar die, die ihre Schwiegereltern empfohlen hatten. Keiner konnte eine klare Diagnose stellen oder gar eine Therapie formulieren. Es schien, als ob jeder neue Ansatz, jeder neue Versuch ins Leere lief.

Eine Hoffnung gab es noch: die Charité in Berlin. Da hätte man es mit Kapazitäten zu tun, die weit über die Grenzen des Landes hinaus bekannt wären, betonten ihre Schwiegereltern.

Dort gäbe es auch hervorragende Spezialisten für die Behandlung von Kopfschmerzpatienten, die unter anderem auf moderne, hochauflösende Röntgengeräte zur Diagnose zurückgreifen könnten.

Es war Wolfgang gelungen, kurzfristig einen ersten Termin für eine Untersuchung zu bekommen. Ingrid kümmerte sich um die Kinder.

„Wolfgang", sagte Sofia leise zu ihrem Mann, als sie im Zug nach Berlin saßen, „ich weiß nicht, was ich mehr habe: Bammel vor der Untersuchung oder Kopfschmerzen! Obwohl es heute gar nicht richtig schlimm ist. Ich bin froh, dass wir da zusammen hinfahren können. Es tut so gut, wenn du in meiner Nähe bist." Sie legte ihren Kopf an seine Schulter. Wolfgang legte sanft seinen Arm um seine Frau und sagte nichts. So fuhren sie schweigend weiter.

Als sie in Berlin Friedrichstraße ankamen, musste Wolfgang Sofia wecken. Sie war fest eingeschlafen. Das gleichmäßige Rattern der Räder auf den Schienen hatte sie ebenso beruhigt wie die Umarmung ihres Mannes. Sie schien ihm jetzt aufgeräumter, nicht mehr so panisch, als sie ihn leise fragte, ob sie schon da seien.

Das Krankenhaus war ein sehr weitläufiger Altbau, und so dauerte es eine Weile, bis sie ihren Weg durch das Labyrinth von Gängen, Fluren, Treppenhäusern und Nebengebäuden gefunden hatten. Dass sie, am Sprechzimmer angekommen, bereits erwartet wurden, gab ihnen beiden ein gutes Gefühl.

Der Arzt, der sie an der Tür zum Sprechzimmer in Empfang genommen hatte, nahm sich ausgiebig Zeit, um Sofia zu ihrer Krankengeschichte zu befragen und sie zu untersuchen. Er mochte etwa Mitte vierzig sein und hatte ein freundliches, offenes Gesicht.

Sofia bestand darauf, dass Wolfgang auch im Behandlungszimmer bei ihr blieb. Dieses Problem, so fühlte sie, durfte nicht nur ihres bleiben; es musste auch Wolfgangs werden.

Der Arzt erklärte den beiden jeden Schritt seiner Untersuchungen, die er im Anschluss an das Patientengespräch vornahm. Statt eine vermeintlich naheliegende Diagnose zu unterstellen und sofort mit einer Breitbandtherapie gegenzusteuern, ziehe er es vor, so erläuterte er, Schritt für Schritt eben diese Optionen auszuschließen. Natürlich sei es dabei unverzichtbar, den Schmerz wirksam in Grenzen zu halten.

„Das wird kein Spaziergang werden", fasste er zusammen. „Sie haben den Kopfschmerzen viel Zeit gegeben, um sich in dieser Heftigkeit zu entwickeln, Frau Bacher. Entsprechend viel Zeit werden wir jetzt auch investieren müssen, um diese Störung wieder loszuwerden. Das Beschwerdebild hat sich leider bereits, wie wir es nennen, chronifiziert, also festgesetzt.

Ich brauche jetzt ein paar Tage, um die Ergebnisse der Untersuchungen, die wir heute gemacht haben, auszuwerten, und dann werden wir uns noch einmal zusammensetzen, um die weitere Marschrichtung zu besprechen.

Können Sie denn kurzfristig Termine dafür einplanen?"

Die beiden sahen sich nur kurz an, dann sagte Wolfgang: „Das kriegen wir schon hin, obwohl ich sehr beschäftigt bin."

Der Arzt sah Wolfgang sehr eindringlich an.

„Das möchte ich Ihnen auch sehr ans Herz legen, Herr Bacher!"

Wolfgang war sehr betroffen. Er spürte, dass er jetzt gefordert war.

Er hatte es überzogen, hatte es zugelassen, dass ihn seine beruflichen Erfolge von seiner Familie davongetragen hatten.

Worauf hatte er sich da nur eingelassen, fragte er sich.

Warum hatte er sich nicht mit seinem Zwergschuldendasein in Gommla begnügt? Es hatte alles so einfach geschienen, bis hierher.

DRITTER BLOCK

1. Kapitel:
Aktenlage oder nicht

1968

Oberfeldwebel Friedrich Brettschneider wurde zu seinem Vorgesetzten gerufen. Umgehend, wie es hieß. Schon als er die Bürotür öffnete, hatte er das bestimmte Gefühl, dass ihn nichts Gutes erwarten würde.

Die kleinen Augen, die sich im runden Gesicht seines Vorgesetzten, Oberleutnant Erich Manthey, wie Gucklöcher ausnahmen, musterten ihn, kalt wie immer. So ähnlich muss es auf dem Schlachthof zugehen, schoss es ihm durch den Kopf. War das nicht ein Schlachtermesser, mit dessen Spitze der Oberleutnant auf ihn, Brettschneider, nun zeigte? Nein, es war doch nur der Brieföffner in Form eines schlanken Miniaturparadesäbels, einst Anerkennung und Würdigung der Tapferkeit seines Vaters im Antifaschistischen Aufstand von 1929, wie der jetzige Besitzer sich beeilte, jeden, der sich erstmals an seinen Schreibtisch setzte, zu belehren. Sehr viel mehr wusste Brettschneider nicht über ihn, seinen neuen Vorgesetzten, aber die meisten Kollegen hier zuckten zusammen, wenn nur in ihrer unmittelbaren Nähe sein Name erwähnt wurde. Ein Termin bei ihm – da waren sich die Untergebenen offenbar einig – habe etwas Unvorhersehbares, Heimtückisches, Inszeniertes wie in einem Hochverratsprozess. Und genau das fühlte jetzt auch Brettschneider. Er bemühte sich, diesem kalten Blick standzuhalten, sich nicht beeindrucken zu lassen von der schieren Masse dieser emotionalen Walze.

„Sagen Sie mal, Genosse Brettschneider", begann er ziemlich unwirsch, „was haben Sie sich eigentlich dabei gedacht?" Er schob einen grauen Aktendeckel über den Schreibtisch zu seinem Besucher.

Er hatte also recht gehabt, der Kollege Scherer, der mit ihm das kleine Büro des Sachbereichs „Anwerbung BRD-Familien" teilte.

„Der Chef ist wieder mal übelster Laune, also Vorsicht!", hatte er gewarnt, als Brettschneider pünktlich um 9 Uhr das Büro betreten hatte.

Der Genosse Brettschneider, so nahm Oberleutnant Manthey an, wusste sehr genau, was ihn erzürnte, auch ohne vorher in die Akte gesehen zu haben.

Brettschneider öffnete sie trotzdem, betont bedächtig, setzte sich in seinem Besucherstuhl zurück und warf dann einen Blick auf das erste Blatt. Zeit gewinnen für eine angemessene Antwort, das Gegenüber auf Abstand halten. In der Spalte „Zusammenfassung, Erkenntnisgewinn, weitere Maßnahmen" fand er tatsächlich in großen Buchstaben den Vermerk „KEINE!".

Dies also musste es gewesen sein, so vermutete er, was den Unmut des Oberleutnants ausgelöst hatte. Er holte tief Luft, um nun in kurzer, sachlicher Weise der zu erwartenden Offensive seines Vorgesetzten möglichst wenig Angriffsfläche zu bieten.

„Das war nicht meine Entscheidung, Genosse Oberleutnant. Es war die Umsetzung der Anweisung, die das Kreiskommando zu diesem Komplex vor zwei Monaten vorgegeben hatte."

Obwohl er aus den Augenwinkeln deutliche Signale aufkommender Ungeduld bemerkte, blätterte er doch zur Sicherheit in der Akte weiter, bis er das entscheidende Papier, den klaren Beleg für das eben Gesagte, fand.

Er zog es aus der Akte, stand wortlos auf und legte es mit einer entschlossenen Handbewegung dem Genossen Oberleutnant auf die Schreibunterlage seines blank geputzten Schreibtisches.

Das Dokument trug die Überschrift „Verfahren zur Besetzung von Vertretungen bei Verhinderungen des Führungsoffiziers", und seine Präsentation verfehlte die erhoffte besänftigende Wirkung beim Oberleutnant in jeder Hinsicht.

Es machte ihn sogar noch ungehaltener.

„Und Sie glauben, dass Sie damit aus dem Schneider sind, Genosse?" Das Blatt in seiner Hand zitterte, seine Stimme wurde leiser, bedrohlicher. „Der Sinn der Anweisung ist, sicherzustellen, dass die Aktion durchgeführt werden kann, und nicht, dass Sie sich aus Ihrer Verantwortung stehlen können, haben Sie das verstanden? Wenn Sie eine Aufgabe an einen Genossen weitergeben", er sprach jetzt zornrot und deutlich lauter, „müssen Sie in jedem Fall trotzdem für die befehlsgemäße Durchführung die Verantwortung übernehmen! Haben Sie das kapiert, Genosse Oberfeldwebel?" Der Oberkörper schnellte nach oben, wie zur Vorbereitung für den entscheidenden Schlag.

„Der Genosse hatte einen familiären Notfall", versuchte Brettschneider zu beschwichtigen.

„Und Sie waren, wenn ich das richtig sehe, telefonisch nicht erreichbar, hab' ich recht?"

„Ja, ich war kurzfristig zu einer dringenden Observierung wegen Verdacht auf Republikflucht eingeteilt worden."

Der Oberleutnant schien nunmehr an der Grenze des für ihn Ertragbaren angekommen, wuchtete seinen Oberkörper nach vorne an die Schreibtischkante, stemmte die Arme auf die Tischplatte und ächzte.

„Wer hat das befohlen?"

„Der wachhabende Offizier".

Manthey ließ sich in seinen Schreibtischsessel zurückfallen, wischte sich mit dem Handrücken den Schweiß von der Stirn und beendete, sichtbar getroffen, das Gespräch.

„Ich erwarte noch heute Ihren schriftlichen Bericht dazu, haben Sie das verstanden, Genosse? Wegtreten!"

Brettschneider hatte verstanden und beeilte sich, das Büro zu verlassen.

Was war passiert?

Seine Vertretung, die er zum Bahnhof geschickt hatte, um den durchreisenden BRD-Bürger zu observieren, war erst eine halbe Stunde nach Wiederabfahrt des Zuges am Bahnhof angekommen. Er war alleinerziehend und hatte seinen Sohn zum Arzt bringen müssen. Der war bei einer Balgerei auf dem Schulhof unglücklich gestürzt und hatte sich den rechten Arm gebrochen.

Brettschneider kehrte in sein Büro zurück, zog energisch die Tür hinter sich zu und setzte sich an seinen Schreibtisch, lehnte sich bequem zurück und versuchte, sich beim Blick auf die Baumwipfel im Park zu entspannen. Ein leichter Wind zog durch das halbgeöffnete Fenster. Brettschneider genoss die Stille und sogar den kalten Rest seines Morgenkaffees.

Sein Abteilungskollege, Feldwebel Scherer, hatte Brettschneiders Rückkehr mit einem teilnahmslosen Blick zur Kenntnis genommen. Walter Scherer war ein paar Jahre älter als sein Kollege und galt nach zehn Jahren Dienst in dieser Abteilung als sehr erfahren. Die Gewissheit, in absehbarer Zeit vom gegenwärtigen Dienstposten aus in den Ruhestand gehen zu können, schenkte ihm die Aura eines alten Zirkuslöwen, der alle Tricks kannte, von dem aber keiner mehr den Sprung durch den brennenden Reifen erwartete.

Brettschneider hingegen haderte noch immer mit seiner Versetzung, die ihn vor einem Jahr aus seinem geliebten Heimatort Swinemünde hierher in diese abgelegene Gegend Thüringens verbannt hatte. Es war ihm nicht gelungen, seine Familie zum Umzug zu bewegen. Vielleicht lag es auch daran, dass der Familienvater sich dafür nicht eben viel Überzeugungskraft abverlangt hatte, wie er sich selbst eingestehen musste. Also fristete er seither sein Dasein in einer kleinen möblierten Wohnung in der Nähe seines neuen Dienstortes.

Er konnte gut verstehen, dass sie das gemütliche eigene Häuschen, das seit Generationen im Besitz ihrer Familie war, nicht gegen eine Mietwohnung in einer dieser Plattenbauten eintauschen wollten. Er dachte an den Garten, den sie in all den Jahren mit viel Mühe und Liebe zu einem wahren Biotop gemacht hatten; so manches Fest hatten sie dort mit Nachbarn und Freunden gefeiert. Das Bier, genossen unter dem mächtigen Nussbaum am Abend eines anstrengenden Arbeitstages, entschädigte den bodenständigen Parteigenossen auf wundersame, zugleich zuverlässige Weise für den beinahe täglichen Unbill seiner Arbeitswelt.

Seine Versetzung wurde angeordnet, nachdem sein Cousin seine privilegierte Reisefreiheit als DDR-Künstler genutzt hatte, um von einer Tournee nach Ungarn nicht nach Hause zurückzukehren, sondern sich in den Westen abzusetzen. Brettschneider wusste um die außerordentliche Schwere dieses Vergehens. Den Gesetzestext des §213 Absatz 3.4 des DDR-

Strafgesetzbuchs, der den Straftatbestand des „Ungesetzlichen Grenzübertritts" benennt, konnte er im Schlaf zitieren. Dass in solch einem Fall „ergänzend oder ersatzweise" auch die Familie des Straftäters in den Sühneanspruch des Staates einbezogen wurde, war ihm bekannt.

Hier an seinem neuen Dienstort an der Grenze zwischen Sachsen und Thüringen sollte Brettschneider nun für die Dauer seiner nächsten zwei bis drei Jahre abtauchen, bis Gras über die Sache mit seinem republikflüchtigen Cousin gewachsen sein würde. Weder Scherer noch die anderen Genossen in seiner jetzigen Dienststelle wussten davon. Hier hatte er keine Freunde, galt bei den Genossen Kollegen als wenig kontaktfreudig, aber politisch zuverlässig. In seinen Dienstverrichtungen strahlte er eher unbeteiligte Gelassenheit aus, war jedoch in der Berichtsführung sehr bedacht und gründlich.

Nun saß er hier in diesem Gebäude, das den Zweiten Weltkrieg erstaunlicherweise beinahe unbeschädigt überstanden hatte. Der lang gezogene schmucklose Querbau lag im Zentrum der Kreisstadt. Er besaß bodentiefe Fenster, die den Blick auf einen kleinen Innenhof an der Straßenseite freigaben. Zwei kurze Seitenflügel verliehen dem wuchtigen Gebäude etwas Leichtigkeit. Im Dritten Reich hatte hier eine Außenstelle des Reichsluftfahrtministeriums residiert, in der streng geheime Konzepte für Entwicklung und Einsatz von bemannten und unbemannten Flugkörpern erarbeitet worden waren. Auf diesen Teil der jüngeren Geschichte mochten die heutigen Nutzer des Gebäudes nur ungern angesprochen werden, und es hatte den Anschein, dass aus diesem Grund auch die ehemals sicher parkähnlichen Außenanlagen mit durchschaubarer Absicht wenig gehegt und gepflegt wurden. So mancher unvoreingenommene Besucher wunderte sich, dass keiner der Beschäftigten seine Mittagspause bei schönem Wetter zu einem Spaziergang hinunter zum Fluss nutzte.

Kurz nach der Staatsgründung der DDR wurde dort die größte Zweigstelle des Ministeriums für Staatssicherheit der DDR untergebracht. Jeder, der dieses Gebäude betrat oder verließ, war in der Wahrnehmung der unbeteiligten Öffentlichkeit ein Teil des Geheimnisvollen, Unnahbaren seines Innenlebens.

Im Inneren herrschte strenge Kaderdisziplin; zu enger kollegialer oder gar außerdienstlicher Umgang mit Beschäftigten anderer Fachbereiche wurde mit unverhohlenem Misstrauen beobachtet. „Hier hat jeder über jeden eine geheime Akte in der Schublade", fasste der Genosse Scherer die ungewöhnliche Grundstimmung zusammen.

„Weißt du, Genosse", erklärte er dem neuen Kollegen gleich am ersten Tag, „ich mache hier meine Arbeit, und die anderen machen die ihrige; unser Auftrag ist es, das umzusetzen, was die politische Führung beschlossen hat. Was die aus deiner Arbeit für Schlüsse ziehen, geht dich nüscht an."

Wenn Scherer anhob, etwas Bedeutungsvolles zu postulieren, verfiel er gerne in seinen Heimatdialekt. „Halt dich dran, dann kommst du hier zurecht. Steckst du deinen Kopf zu weit aus dem Fenster, kann's schnell ma' sein, dass du dir eine fängst."

Das weiß gestrichene Altbaubüro der Genossen Scherer und Brettschneider strahlte nur sehr wenig Wohnlichkeit aus; auf dem Sims des einzigen Fensters kämpfte eine Chlorophytum comosum – vulgo: Beamtenpalme – um ihr ganz offensichtlich wasserarmes Überleben. Die Mehrzahl der wenigen verbliebenen Blätter hatte sich bereits eingerollt oder braun gefärbt. Die Schreibtische waren unterhalb des Fensters mit den Längsseiten aneinandergestellt. An ihre schmalen Kopfenden schloss sich ein Beistelltisch an, auf dem Kaffeetassen standen, die im jahrelangen Gebrauch auf der Tischfläche ihre Spuren hinterlassen hatten, sowie eine Zuckerdose, deckellos seit der letzten Geburtstagsfeier. Der Kollege Scherer hatte ihn als Aschenbecher benutzt, und die Genossin von der Reinigungsbrigade hatte sich geweigert, ihn zu säubern. Irgendwann war er dann verschwunden. An der Tischplatte war mit einer Schraubklemme ein stabiler Bleistiftspitzer mit Drehmesser befestigt, der einzige seiner Art im Haus, nachdem die anderen, so sagte man hinter vorgehaltener Hand, ihren jeweiliger Hauptnutzern in den Ruhestand gefolgt waren.

Die dunkelgraue Schreibmaschine der Marke Universum gehörte zur Standardausstattung eines Amtsschreibtisches, ebenso wie ein Dreierset Postkörbe aus Kunststoff und ein Metallhalter mit mehreren Registern für Formulare. Über beiden Arbeitsflächen in diesem Büro schwebte eine schwenkbare Teleskoparbeitsleuchte, deren Leuchtkraft an jeden Punkt der Schreibtischfläche gerichtet werden konnte.

Genosse Scherer ließ seinem Kollegen die Zeit, die er nach dem Termin beim Chef offenbar brauchte, spitzte beinah hingebungsvoll seinen Bleistift und wandte sich wieder seiner Schreibarbeit zu.

Als Brettschneider aufstand, um frischen Kaffee zu machen, fragte er, wie denn das Gespräch mit Manthey gelaufen sei.

Brettschneider drehte sich zu Scherer, blickte noch einmal kurz in Richtung der Türe, zog die Schultern zu einem runden, nach vorne gebeugten Rücken zusammen und wandte sich wieder seinem Kollegen zu.

„Stell dir vor, das war wie bei den alten Römern. Gerade so hab' ich mich gefühlt da drinnen. Und ich war derjenige, der den Löwen zum Fraß vorgeworfen wurde", begann er, zunächst konspirativ leise. Dann fuhr er fort, nun in geschäftsmäßigem Ton: „Es ging darum, dass vor ein paar Tagen eine Observierung in die Hose gegangen war, weil wir einfach zu wenig Leute haben. Und da sollen sich die da oben mal einig werden, was wichtig ist und was mal einen Tag lang liegen bleiben kann.

Viel is' nich' passiert, das is' Fakt, aber die da oben hatten sich wohl mehr versprochen. So richtig blöde war es dann allerdings, dass auf dem Berichtsbogen zur Observation bei Zusammenfassung, Erkenntnisse und weitere Maßnahmen nur ein Wort stand: keine!

Da hat unser Oberleutnant wohl sein Fett weggekriegt, glaube ich."

2. Kapitel:
Nachrichten von IM „Schreiber"

1969

Brettschneider und Scherer saßen ihrem Vorgesetzten gegenüber.
Sie waren gespannt auf das, was er ihnen gleich sagen würde.

„Es gibt Nachrichten vom IM Schreiber", hatte er die beiden Genossen kurz und knapp vor Dienstende am Abend vorher auf dieses heutige Gespräch vorbereitet. Ohne weitere Erklärung.

„Genossen, ich möchte, dass ihr Folgendes überprüft", sagte der Oberleutnant nun ohne Umschweife und deutete auf eine prall gefüllte, aber verschlossene Akte hin, die er demonstrativ in die Mitte seiner Schreibtischplatte geschoben hatte. „Hier ist eine erste Bewertung der Quelle. Es geht offenbar um einen Informationszugang als Folge der Umsiedlung einer Bürgerin der BRD in das Staatsgebiet der Deutschen Demokratischen Republik, und dies aus familiären Gründen. Ich will eine genaue Untersuchung der Risikofaktoren. Schaut euch die Familie und das Umfeld von beiden an, durchleuchtet Fakten aus den Lebensläufen. Alle Besonderheiten auf den Tisch! Was wir bisher haben, sind lediglich Ersthinweise. Wir müssen uns nach der Überprüfung des Hintergrunds und seiner Quelle dann ein Konzept erarbeiten, wie wir zu operativen Feststellungsergebnissen kommen. Viel Zeit kann ich euch dafür nicht geben, aber wir müssen die Quelle sichern, bevor andere Dienst zuschnappen. Ihr versteht, was ich meine!? Ende nächster Woche ist der Bericht auf meinem Tisch. Habt ihr das verstanden, Genossen?" Ohne eine Antwort abzuwarten: „Noch Fragen? Nein? Wegtreten!"

Man beschloss, sich die Arbeit zu teilen, und Brettschneider schlug vor, jeden Abend gemeinsam eine Zusammenfassung der gewonnenen Erkenntnisse zu verfassen. So wäre jeder der beiden in der Lage, zum gegenwärtigen Stand der gesamten Ermittlungen Auskunft zu geben. Brettschneider kümmerte sich um den IM „Schreiber", Scherer um die „Quelle".

Scherer galt als routinierter Stratege auf dem Gebiet der Erkenntnissicherung aus neuen Quellen. Wie auch jetzt konnte Brettschneider seine Bewunderung für dessen Analysen und Schlussfolgerungen bisweilen kaum unterdrücken. „Sag mal, Kollege, wo hast du denn eigentlich deine Informationen her?", fragte er seinen Genossen einmal.

„Netzwerk! Netzwerk musste haben in dieser Firma!", war die kurze Antwort. Weiter wollte der Genosse sich dazu nicht äußern.

„Aber dann wäre doch das jetzt mal eine wirklich gute Gelegenheit, dieses Netzwerk zu nutzen, statt sich selber die Hakken abzulaufen", meinte Brettscheider. Und er hatte bereits eine ziemlich konkrete Idee.

„Wenn tatsächlich bereits andere Dienste an dieser Sache dran sind, wie der Genosse Oberleutnant vermutet, dann haben die doch sicher schon konkrete Fakten zu dieser Angelegenheit vorliegen. Könntest du da nicht einen Kontakt aus deinem Netzwerk anzapfen? Ich meine, ich will jetzt keine Namen wissen oder so, aber könnte uns da nicht einer von denen schneller auf den aktuellen Stand bringen?"

Scherer antwortete zunächst nicht, sondern zog die Augenbrauen hoch, verschränkte die Arme vor der Brust und lehnte sich in seinen Bürostuhl zurück, um nachzudenken.

Auch wenn er die Bedeutung von Netzwerken gelegentlich betonte, war er sich der damit verbundenen Risiken schmerzlich bewusst.

So etwas wie damals mit der Quelle „Hansen", so etwas durfte nie, nie mehr passieren!

3. Kapitel:
Die Quelle „Hansen"

1970

Wie Scherer sich erinnerte, hatte die Quelle „Hansen" vor Jahren zu einem absoluten, ergiebigen Briefkasten entwickelt werden sollen. Angelegt wurde die Aktion 1956 mit der fingierten Republikflucht eines HVA-Offiziers (Hauptverwaltungaufklärungsoffizier) im besonderen Einsatz (OibE).

Das Unheil nahm seinen Lauf, als das MfS den Kreis der zur Erkenntnisgewinnung Beauftragten immer weiter vergrößerte. Begründet wurde dies intern mit der Notwendigkeit, die bewährten Netzwerkkontakte vorsorglich einzubinden und damit den latent drohenden Zugriff durch andere Dienste zu verhindern. Dass der bis dahin erfasste, tatsächliche Wert der Quelle so viel Aufmerksamkeit nur selten rechtfertigte, durfte dabei keine Rolle spielen. Anweisung „von oben" eben.

Andererseits alarmierte die dadurch ausgelöste, ungewöhnlich stark ansteigende Kontaktdichte die zuständigen Spezialisten des BfV (BRD-Bundesamt für Verfassungsschutz); ihnen gelang es, mithilfe historischer Archivdokumente einen Vertrauten des amtierenden Bundeskanzlers der BRD als Mitarbeiter des MfS zu enttarnen. In mehrmonatiger Observierung konnten dessen Kontakte und die Inhalte seiner Berichte ermittelt werden. Obwohl der tatsächliche Wert der Informationen, die der BND im weiteren Verlauf über diese Quelle einschleuste, kaum der Rede wert war, entwickelte sich der politische Effekt der Enttarnung desaströs. Der Bundeskanzler, der gerade als Schöpfer des Grundlagenvertrags zwischen den beiden deutschen Staaten einen wesentlichen Fortschritt zur Entspannung erreicht hatte, trat zurück.

Wer oder was ihn letztlich zum Rücktritt bewog, gilt bis heute in Fachkreisen als ungeklärt.

Sein Sturz lag absolut nicht im Interesse der DDR-Führung, die seine Ostpolitik unterstützt hatte, und wurde somit im Ergebnis von der Stasi als größte historische Panne betrachtet.

Politische Analysten schließen nicht aus, dass neben der DDR-Schlamperei sowohl divergierende Interessen ausländischer Geheimdienste als auch inländischer Gegner der Öffnung zum Osten die entscheidenden Impulse zu Brandts Entscheidung gesetzt haben könnten.

Scherer wurde jäh aus seinen Gedanken gerissen.

Erneut gab es Aufregung über eine Meldung des IM „Schreiber".

Es ging um seinen Vorschlag, die Erkenntnisdichte durch die Verpflichtung einer weiteren Person aus seinem eigenen Wirkungskreis zu vertiefen.

Brettschneider bekam den Auftrag, der Meldung nachzugehen.

Das Ministerium für Staatssicherheit schulte seine Führungsoffiziere auch psychologisch. An der juristischen Hochschule gab es einen Lehrstuhl für „Operative Psychologie", an dem auch gelehrt wurde, wie man am geschicktesten mit Personen umging, von denen sich das MfS „Erkenntnisse" erwartete, und welche denn überhaupt für eine informelle Mitarbeit infrage kamen. Man wusste aber auch, dass Führungsoffiziere nicht immer die tatsächliche Wahrheit aufschrieben, sondern manchmal eine, die ihnen und ihrer Karriere nutzte.

Alle bekannten Querverbindungen dieser Person hatten routinemäßig überprüft zu werden, auch vom jeweiligen anderen Ende her; eventuelle Schwachstellen der Lebensführung und des Umfelds waren zu bewerten, und schließlich ging es darum, die Tauglichkeit für den Einsatz in sehr vertraulichem Milieu auf Risiken zu untersuchen.

All das war ihm, Brettschneider, beigebracht worden.

Wie war das bei ihm selbst damals gelaufen, als die Sache mit seinem Cousin ruchbar geworden war? Wie war man da mit ihm umgegangen?

Was hatte man nicht alles versucht, um seine „Kontakte" zu hinterfragen, Nachbarn und Freunde zu irgendwelchen Verdächtigungen zu nötigen?

Ganz nach der bekannten Devise „irgendwas bleibt immer hängen" wurde denunziert, vermutet und verleumdet, bis es dann so weit war und die Stasikollegen bei Brettschneider vor der Haustür standen.

Er schaute sich die Akte zu IM „Schreiber" noch einmal genauer an. Insbesondere die dort notierten „bisherigen Erkenntnisse".

Auch so eine Familiengeschichte, wie's aussieht, räsonierte er. Aber da war eben auch „Schreiber", ein Mensch, der sich wohl gar nicht im Klaren darüber war, wie er unversehens Unbeteiligte, unbescholtene Staatsbürger – nein: Menschen! – mit in seine Sache hineinzog. Vielleicht gar einer, der eines vermeintlichen oder tatsächlichen Vorteils wegen agierte?

Nein, sein Entschluss stand fest! Da machte er, Brettschneider, nicht mit. So weit durfte die Jagd nach Erfolgsgeschichten und „Geheiminformationen" nicht gehen. Was hatte man denn schon von dieser Person zu erwarten? Eine Figur ohne Netzwerk, mit keiner erkennbaren Erfahrung mit derlei Staatssicherheitsbürokratie und damit, höchstwahrscheinlich, eine Fehlbesetzung.

Brettschneider fand heraus, dass IM „Schreiber" im Begriff war, von dieser Person enttarnt zu werden, und somit Gefahr lief, seinen geheimdienstlich gestützten Wirkungsbereich zu verlieren.

Um das zu verhindern, so der Plan, sollte nun diese Person in den Arbeitsbereich von IM „Schreiber" hineinverpflichtet werden.

Es dauerte so einige schlaflose Nächte, bis Brettschneider endlich eine praktikable Lösung gefunden hatte.

Nichts, keine Spur sollte die Nachwelt jemals zu diesem Vorgang finden; es gab ihn schlicht nicht. Es gab auch keine Notiz, kein Stück Papier, keine Akte. Nichts würde darauf hinweisen, dass es einen solchen Vorgang jemals gegeben hätte. Dafür würde er sorgen, mit aller Gründlichkeit, die er sich im Laufe seines Berufslebens zu eigen gemacht hatte und die ihm einst selbst zum Verhängnis geworden war.

Brettschneider war zufrieden.

So konnte er den Rest seiner Strafzeit in Thüringen gut aushalten.

VIERTER BLOCK

1. Kapitel:
Ende und Abspann

2005

Jo verließ seine Firma.

Für die Geschäftsleitung kam diese Entscheidung ihres bewährten und verdienten Kollegen überraschend, aber man trennte sich in gutem Einvernehmen, ja beinahe freundschaftlich. Eine letzte Bonuszahlung in beträchtlicher Höhe war ein deutliches Zeichen der Wertschätzung, die Jo sich über die Jahre erworben hatte.

Jetzt war es für Jo an der Zeit, sich seinem neuen Leben zuzuwenden.

Er kehrte Deutschland den Rücken und siedelte sich in Bermagui an, einer Kleinstadt in New South Wales zwischen Melbourne und Sidney, ganz in der Nähe seines alten Schulfreundes Paule. Der war vaterlos aufgewachsen und nach dem unabwendbaren, frühen Tod seiner geliebten Mutter nach Australien ausgewandert. Tatsächlich hatten die beiden Freunde schon in jungen Jahren davon geträumt, in dieses ferne Traumland gemeinsam auszuwandern, doch das Leben hatte Jo einen anderen Platz zugewiesen. Aber nun zweifelte er nicht mehr im Geringsten daran, wo er sich eine neue Chance geben würde. Er hatte Paules Einladung mit großer Freude sofort angenommen.

Paules Weg nach Australien war damals eher abenteuerlich gewesen. Zunächst war er bei Freunden auf einer Farm untergekommen, hatte sich nach einer Weile aber entschieden, im eher dünn besiedelten Südosten des Landes ein paar Hektar Waldgebiet zu kaufen und zu seiner neuen Heimat zu machen. Mit der tatkräftigen Hilfe seiner Nachbarn hatte er bald von der Landstraße zu seinem Grundstück einen Fahrweg gelegt, ein Stück Wald gerodet und schließlich ein kleines Haus gebaut, in dem auch noch Platz für seine Landarztpraxis war.

Für seinen Freund Jo fand Paule schnell eine geräumige Mietwohnung mit einem großartigen Blick auf den Fischereihafen der Kleinstadt. Ein eigenes Haus zu beziehen, schien dem Neuankömmling zu aufwendig, zumal er sich ja vorgenommen hatte, viel im Land umherzureisen. Und er hatte tatsächlich nicht viel mitgenommen aus seinem vorherigen Leben.

Während der ersten Wochen nach der Ankunft in Australien genoss Jo die Gastfreundschaft seines Freundes und wohnte mit ihm in dessen Haus mitten im Wald. Man hatte sich nach all den Jahren viel zu erzählen. Jo empfand es als sehr wohltuend, dass er seinem Freund in tiefem, beinahe unschuldigen Vertrauen offenbaren durfte, wie es dazu hatte kommen können, dass er derart blauäugig, wie auf einer Wolke, durch sein Leben dahingesegelt war und alle Warnsignale ignoriert hatte. Keine einzige der Fragen, die Paule dazu haben mochte, hätte er wirklich schlüssig beantworten können. Keine beantworten zu müssen, fühlte sich an wie Heilung, wie die verzweifelt gesuchte Geborgenheit nach dem unbändigen Schmerz des Absturzes.

Paule stellte andere Fragen, die Jo leichter beantworten konnte. Als Erstes wollte er wissen, wie denn seine Schwester Sofia aus dem Schlamassel rausgekommen sei.

„Sie ließ sich wenige Jahre später scheiden und durfte aus medizinischen Gründen, bestätigt durch ein Gutachten der Charité-Klinik, mit ihren Kindern in die BRD ausreisen. Ihre Tante aus Hamburg nahm die kleine Familie damals auf und ermöglichte Sofia den Neustart als Erzieherin in einem Kindergarten. Sofia hat sich mit großer Begeisterung in die Arbeit gestürzt und schon nach kurzer Zeit die Leitung übernommen."

Ob sie denn auch wieder ganz gesund sei, wollte Paule wissen. Jo spürte den Stich in seinem Herzen, als dieser Teil der Erinnerung plötzlich wieder zum Greifen nah war. Zugleich erfasste ihn eine große Erleichterung, als er berichten konnte, dass sie geheilt sei und es ihr gut gehe.

Tatsächlich hatte sich in der Nachsorge herausgestellt, dass die Erkrankung psychosomatischer Natur gewesen war und keine bleibenden Schäden hinterlassen hatte.

Paule sprach viel über sein Leben als Arzt in diesem ländlichen Gebiet. „Die Menschen haben mich damals unglaublich offen aufgenommen und mich schon bald als einen der ihren angesehen. Stell dir vor, seit damals singe ich sogar im Stadtchor! Ich hatte seit unserer Schulzeit nicht mehr gesungen, aber hier macht es mir wieder Freude." Verschmitzt, mit einem Ellenbogenknuff in die Seite seines Freundes, fügte er an: „Und dem Chor hatte gerade ein Bass 1 gefehlt.

Es scheint für die Leute hier nicht wichtig, was man früher so in seinem Leben gemacht hat. Sie leben irgendwie mehr im Heute. Das hat mir damals sehr gutgetan, und ich versuche jetzt, mich auf meine Weise und mit meinen Mitteln dafür zu bedanken. Zum Beispiel nehme ich mir bewusst viel Zeit für jeden einzelnen, ganz egal, ob sie mich als Arzt konsultieren oder nur meine Meinung als Bürger dieser Gemeinde hören wollen."

Jo verstand, wie wichtig seinem Freund die Anerkennung gerade seiner Heilkunst war. Er erinnerte sich noch sehr gut an dessen Verzweiflung, als es ihm damals auch mit intensiver Anwendung seiner Möglichkeiten als Heilpraktiker nicht gelungen war, die Mutter im Leben zu halten, nachdem sie von der sogenannten Schulmedizin als auskuriert, unheilbar aufgegeben worden war. Es war offensichtlich: Paule hatte danach für sein weiteres Leben und seine Heilkunst die richtige Entscheidung getroffen.

Abends saß man auf der Veranda, genoss bei einem Glas Rotwein die Stille. Die Nacht war meist erfüllt von fremdartigen Geräuschen, die mal in unmittelbarer Nähe des Hauses zu hören waren und sich dann wieder mit anderen aus der Tiefe des Waldes mischten. Jo war von der Fülle der Lichtpunkte fasziniert, die mit der Abenddämmerung hinter den Wipfeln der Bäume auftauchten und dort gegen Morgen wieder verschwanden. Opossums huschten durchs Unterholz oder jagten einander auf dem tief heruntergezogenen Blechdach des kleinen Holzhauses.

Die beiden Freunde unternahmen viele Ausflüge und lange Wanderungen in die Umgebung. Gelegentlich machte sich Jo auch allein mit seinem Rucksack auf den Weg, wenn der andere als Arzt unabkömmlich war.

Paule begeisterte seinen Freund mit wundersamen Geschichten, die ihm sein betagter Gärtner aus der Welt und dem Leben der Aborigines, der australischen Ureinwohner, erzählt hatte.

Wie diese Menschen in absoluter Verbundenheit mit der Natur lebten und offenbar über Sinne verfügten, die dem modernen Menschen in seiner gepriesenen Zivilisation abhandengekommen waren, vielleicht, weil man dafür keine Verwendung mehr hatte.

Jo nahm diese Geschichten begierig auf. War es das, was er in seinem Leben immer gesucht hatte? Sich auf seine eigenen Sinne verlassen zu können, der Eingebung nachzugeben, ohne die immer wiederkehrende Frage nach dem Warum zu stellen? Nach dem Warum des Lebens, der Geräusche, der Ereignisse, der Zweifel?

War das vielleicht sogar die Antwort auf seine Frage, wer oder was denn sein früheres Leben bestimmt, geführt, gesteuert hatte? All die unterschiedlichen Stationen seines so erfolgreichen Lebens? Die unendlich tiefe Enttäuschung, dass nichts von alledem seins ist und war.

Er musste nicht lange darüber nachdenken, bevor er sich erlaubte, sein neues Leben zu genießen. Er fühlte, wie es auf ihn zukam, fühlte sich beschenkt mit jedem Laut aus dem unergründlichen Wald und mit jeder Geschichte aus dieser unbekannten Welt. Er ließ sich in die atemberaubende Natur, Formen und Farben der Landschaft fallen und genoss die unbekannten Geräusche der Nacht, Tausende Kilometer entfernt von seiner alten Heimat. Hier fühlte er sich in seiner wohltuenden Einsamkeit endlich verbunden mit der Resonanz seines eigenen Lebens, so, wie er es lange vermisst hatte.

Steven Yanna Muru, ein Aborigine, Freund von Paule und Guide, der Touristen auf einen „Walkabout" führte, bot sich an, Jo mitzunehmen auf diese Form der traditionalen Wanderung seiner Vorfahren, die den Kontakt zur Natur vertiefen sollte und gleichzeitig das Erbe der Aborigines vermittelte. In den

Blue Mountains, westlich von Sydney, folgten sie den Spuren der Ureinwohner. Gundungurra und Darug, so erzählte Muru, seien bis vor 200 Jahren die einzigen Bewohner dieser Gegend gewesen. Und er erzählte über die „Dreamtime", jene Traumzeit, welche die Vergangenheit durch Geschichten mit der Gegenwart verbinde. Hier, in der Wildnis der Blauen Berge, werde nach seinen Worten in sogenannten „Songlines" das uralte Wissen der Aborigines spürbar. Sie führten durch die Berge, Traumpfade, denen die Ureinwohner folgten.

Von Muru erfuhr Jo, dass Australiens Ureinwohner als die älteste überlebende Kultur der Welt galten, die sich mehr als 60 000 Jahre zurückverfolgen ließ. In ihrem Zusammenleben teilten sie alles: Geschichten, Tänze und Essen. Bei der Erziehung der Kinder halfen selbstverständlich auch Tanten und Großväter.

Und zum Abschluss verriet er Jo noch, was sein Name in der Darug-Sprache bedeute: „Geh deinen Weg!"

2. Kapitel:
Otro mundo

Auf einer seiner ausgiebigeren Wanderungen im südlichen Queensland, weit im Hinterland, verlor Jo bei einem Sturz während einer Flussdurchquerung seinen Proviant und – zu allem Unglück – auch noch Kompass und Uhr.

Er schimpfte vor sich hin, war aber trotzdem zuversichtlich. Er musste ganz in der Nähe seines Ziels sein, einem kleinen Aborigines-Dorf tief im Eukalyptuswald, in dem er sich gerade befand. Jo hatte alle Mühe, sich zurechtzufinden. Sahen nicht all diese Bäume gleich aus? Wo immer sein Blick auch hinfiel; da war nichts, das ihm als Landmarke, als Orientierungshilfe hätte dienen können, und er fragte sich, wie sich Menschen in dieser Umgebung zurechtfinden konnten. Er fühlte sich zunehmend unsicherer. Immer wieder raschelte es in den trockenen Blättern, aber er konnte nicht herausfinden, ob es ein Tier war oder nur der Wind, der gelegentlich durchs Unterholz blies. Und dann diese Laute, die sich auf Paules Veranda so romantisch zum Glas Rotwein fügten. Hier und jetzt waren sie ihm unheimlich, bedrohlich. Das Pfeifen, das Krächzen, das Rufen, dazu Licht- und Schattenfiguren, die durch den Wald huschten. Gruppen von Bergkängurus kreuzten auf Lichtungen seinen Weg, machten mit ihren Sprüngen nicht den Eindruck, als ob sie von seiner Anwesenheit in ihrem Revier besonders Notiz nähmen oder gar beeindruckt wären.

Panik überkam ihn, als er nach stundenlangem, planlosen Streifen durch das Unterholz feststellen musste, dass er wieder an den Ausgangspunkt zurückgekehrt war, der Lichtung, an der er den Fluss überquert hatte. Jo war mit seinen Kräften am Ende. Er setzte sich auf einen umgestürzten Baumstamm, um sich jetzt erst einmal auszuruhen, sich zu beruhigen und dann zu überlegen, wie er sich aus dieser misslichen Lage wieder befreien könnte. „Da haben wir's wieder: typisch Einzelgänger! Wird schon gut gehen, ich schaff das auch ohne Führer, und wo bin ich jetzt?", nörgelte er vor sich hin und stellte verwundert fest, dass er hier in seiner Einsamkeit im Wald Selbstgespräche führte. Kopfschüttelnd murmelte er noch etwas wie „jaja, wenn man älter wird ...", dann stand er auf, um noch einmal nach seiner verlorenen Ausrüstung zu suchen.

Im nachlassenden Licht der Abenddämmerung hatte er nicht bemerkt, dass er sich in der unmittelbaren Nähe des Flussufers befand. Plötzlich stand es vor ihm: ein ausgewachsenes Süßwasserkrokodil! Jo drehte sich um, rannte in Panik durch den Wald, sah sich um, rannte. Das Letzte, an das er sich später erinnern konnte, war, dass er beim Umdrehen gegen einen Baum gelaufen war.

Als er wieder zu sich kam, sah er über sich die Sterne, hörte leise Stimmen in einer Sprache, die er nicht verstand, und hatte einen beißenden Geruch in der Nase. Sein rechtes Bein schmerzte, er konnte es nicht bewegen. War es überhaupt noch da? Als er sich aufsetzen wollte, drückte ihn mit sanfter Bestimmtheit eine dunkle Hand zurück. Jetzt schoss auch ein Schmerz durch seinen Kopf.

„Was ist los? Wo bin ich?", fragte er mit schwacher Stimme den Menschen, der neben ihm kniete, einen Menschen, wie er ihn noch nie zu Gesicht bekommen hatte. Ausgeprägte Stirnwulste, hinter denen große dunkle Augen ihn freundlich ansahen, starke Arme an einem schlanken unbekleideten Oberkörper. Aus einem Holzbecher wurde ihm zu trinken angeboten, und er nahm es gerne an, um seinen quälenden Durst zu stillen. Er erwartete frisches Wasser, aber das Getränk schmeckte bitter und streng, es war deutlich zu sehen, dass Jo sich für jeden weiteren Schluck überwinden musste.

„Schmeckt scheußlich, aber tut gut! Wie fühlst du dich?", fragte der Mensch neben ihm. Er fragte nicht nach Jos Namen oder woher er gekommen sei. Er sah ihn freundlich und geduldig an. Jo war nicht in der Lage, sich auf eine Antwort zu konzentrieren.

„Wir haben dich gefunden, am Fluss. Das Krokodil war sehr böse, dass es dich nicht haben durfte. Hattest du es nicht bemerkt?"

Mit Mühe und unter Schmerzen gelangen Jo jetzt ein paar Worte. „Welches Krokodil? Was ist passiert? Wo bin ich hier? Wie lange bin ich schon hier?"

„Du bist hier bei uns. Vor zwei Nächten und zwei Tagen haben wir dich gefunden. Die Brüder vom Fluss haben uns gerufen; sie haben sich gewundert über den Menschen, der sich im Wald vor den Tieren versteckt und der am Fluss den Crocs so nahekommt. Die Brüder vom Fluss haben viel reden müssen mit dem Croc und haben dich in ein sicheres Versteck gelegt, wo wir dich dann abgeholt haben. Die Geister des Waldes haben sich um deine Seele gekümmert, wir uns um deine Wunden."

Jo fühlte sich zu schwach, um eigene Entscheidungen zu treffen. Er war am Ende seiner Kraft und hatte keine andere Wahl, als sein Schicksal in die Hände dieser fremden, seltsamen Wilden zu legen. Nach einem weiteren Schluck aus dem Holzbecher fiel er wieder in tiefen Schlaf.

Später erzählten ihm seine Betreuer, dass er des Öfteren kurz erwacht sei, um sich schlagend und schreiend wohl gegen böse Geister gekämpft habe, aber die guten Geister des Waldes, gerufen von den Brüdern, ihm zur Hilfe gekommen seien.

Jo blieb noch drei Wochen im Dorf der Aborigines. Je mehr er sich erholte, desto mehr konnte er Anteil an ihrem Leben nehmen. Obwohl nur wenige Dorfbewohner Englisch sprachen, hatte er keine Mühe, sich mit ihnen zu verständigen. Wo Worte fehlten, halfen Gesten.

Er beobachtete sie in ihrem täglichen Leben und war immer wieder erstaunt und gefangen von der Art, wie sie im Einklang mit ihrer Umgebung zu leben schienen. Sie kannten keine feindliche Natur oder feindliche Lebewesen. Alles wurde als Teil ihres eigenen Organismus verstanden und respektiert. Sie schienen Geheimnisse zu haben, die sie auf wundersame Weise miteinander teilten.

In ihrer Sprache gab es Begriffe, die in einer anderen Sprache keine Entsprechung fanden, sondern auf eine ganz eigene, Jo völlig unbekannte Lebensweise deuteten.

Als Jo sich für seine Rettung und die heilende Pflege bedanken wollte, stieß er auf vollkommenes Unverständnis. „Wir verstehen deine Worte nicht. Wir haben mit dir gelebt, gegessen und geschlafen. Du bist mit uns auf der Suche nach Nahrung gewesen, wir haben deine Wunden versorgt und die guten Geister für dich angerufen. Das machen Brüder. Bei euch nicht?"

Und es gab in ihrer Sprache kein Wort, das Erfahrungen aus Jos Leben in der Zivilisation beschreiben konnte: keine Lüge, kein Verrat, keinen Hinterhalt und keine Gewalt. Jedes Leben, so lernte er, hatte Bedeutung für ein anderes.

Jo war begierig danach, diese neue Erkenntnis für sich zu finden und sie mit seiner Lebenserfahrung zu verbinden. War er hier endlich angekommen in seinem eigenen Leben?

Als er wieder zurück war und bei Paule auf der Veranda saß, erzählte er von seinem Abenteuer. Und wie die Menschen dort zusammenlebten. Paule bestätigte das, was Jo als Eigenheiten der indigenen Sprachen der Aborigines erfahren hatte. „Ja, das stimmt! Und auch für Krieg oder Waffen haben die kein Wort. Stell dir das vor!"

Krieg und Waffen. In Jo hallten diese Begriffe nach wie Donnerschlag. Er hielt einen Moment inne, versuchte das, was er da eben gehört hatte, in seinem Ich zu ordnen, sah Paule fragend an.

Das war sein Leben gewesen. „Wie können Menschen, Gesellschaften, Völker ohne Krieg und Waffen leben?"

Seine Frage war wie der Versuch, ein Echo an der eigenen Talseite abzufangen.

Die beiden Freunde sahen einander eine Weile stumm an. „Frag sie", antwortete Paule schließlich und hob sein Glas in Jos Richtung. „Das könnte dein neues Leben werden!"

Jo besuchte beinahe jeden Winkel des australischen Kontinents von den Blue Mountains bis an die Westküste, studierte und erforschte intensiv dessen mystische Geschichten und seine Kultur, die in 250 Ureinwohner-Sprachgruppen hinterlegt ist. Nach wenigen Jahren machte sich Jo Baumann einen

Namen, weit über Australien hinaus, als Autor von ganz besonderen Reiseberichten.

„Phänomene und Mysterien, das sogenannte Übernatürliche im Leben der Aborigines."

3. Kapitel:
Nachwort

Wolfgang Bachers Ende, Scheidung, Bruch mit der Familie, Abstieg zum Empfänger bundesrepublikanischer Almosen:

Wolfgang blieb zunächst beim Fach Literatur; er schrieb seine Lebensgeschichte auf, musste aber feststellen, dass kein Verleger daran dachte, nach all den hundert angebotenen noch eine weitere Story eines gescheiterten Stasizuträgers in sein Angebot aufzunehmen.

Er lebte nun in einem sozialen Berliner Brennpunkt, Hochhaus, zehnter Stock, Einraumwohnung.

Seine Eltern fingen ihn nicht auf. Wolfgang war ja nie wirklich zu überzeugen gewesen von den hohen Werten des DDR-Sozialismus. Sein Vergehen war unentschuldbar: Er war nie aktiver Parteigenosse gewesen, hatte gar sein Vaterland mit einer Frau aus der BRD betrogen und das bisschen aktenkundiger Spitzeldienste hatte gerade gereicht, um seine eigene ambitionierte Karriere zu begünstigen; kurz: Die Verdienste für das sozialistische Gemeinwesen hielten sich – zumindest nach Ansicht der Eltern – in Grenzen.

Ingrid hatte nie eine Verbindung zur Stasi.

Ihr Name wurde in keinem Dokument der Unterlagenbehörde gefunden. Wolfgang gab allerdings auch nach der „Wende" Sofia gegenüber nie zu, einen Anwerbeversuch unternommen zu haben, eigenmächtig, ohne Auftrag und Kenntnis seines Führungsoffiziers.

Sein Plan war es, Druck aufzubauen gegen Ingrid, weil er fürchtete, sie würde sich Jo oder Sofia gegenüber offenbaren.

Die beiden unauffälligen Damen in Ingrids Lieblingscafé (13. Kapitel) waren tatsächlich Stasi-Agentinnen; Wolfgang selbst hatte sie eingesetzt.

Und das kam so:

Ingrid fand heraus, dass Wolfgang Beziehungen zur Stasi unterhielt und sie vermutete, dass Jo das Opfer werden könnte.

Es gab keinen Ausweg: Sie musste alle Brücken zu Jo abbrechen, alle Spuren verwischen, um ihn zu schützen. Ihn? Ihn und ihre Liebe, ihre Erinnerung, ihre Wahrheit; es zerriss ihr das Herz. Daraufhin verließ Ingrid dann die Kreisstadt und kehrte in ihr Dorf zurück, wo sie unter dem Mädchennamen ihrer Mutter lebte. Sie versuchte, Jo zu warnen. Der Brief wurde von der Stasi abgefangen. Von Brettschneider.

Jo heiratete lange nach seiner Entlassung aus der Bundeswehr eine Kollegin aus seinem Technologiekonzern.

Die Ehe wurde nach nur zwei Jahren wieder geschieden.

Anja, seine Frau, hatte immer wieder darüber geklagt, sie habe das Gefühl, dass ihr Mann eine außereheliche Beziehung habe.

Jo konnte den Schmerz nicht ertragen. Die Erinnerung an Ingrid war zu stark für seine Ehe.

Er suchte Ingrid überall, konnte sie aber nicht finden, auch nicht nach der Wiedervereinigung der beiden Deutschlands.

Bewerten Sie dieses Buch auf unserer Homepage!

www.novumverlag.com

Der Autor

1948 in München geboren und aufgewachsen, lebt Sascha Gersbeck heute wieder in der bayrischen Hauptstadt. Er hat zwei Kinder. Nach seiner schulischen Ausbildung auf dem Gymnasium begann er eine langjährige, vielseitige Karriere in der zivilen Luftfahrt und war zuletzt als internationaler Wahlbeobachter tätig. In diesen Funktionen lebte und arbeitete er auf vier Kontinenten, lernte dabei unterschiedliche Sprachen, Lebensweisen und Kulturen kennen. Abseits seiner Karriere hält sich Sascha Gersbeck mit viel Sport fit, engagiert sich politisch und widmet sich seit einigen Jahren dem kreativen Schreiben. In diesem Zuge entstand auch sein Debütwerk „Genesen".

novum VERLAG FÜR NEUAUTOREN

Der Verlag

> *Wer aufhört*
> *besser zu werden,*
> *hat aufgehört*
> *gut zu sein!*

Basierend auf diesem Motto ist es dem novum Verlag ein Anliegen, neue Manuskripte aufzuspüren, zu veröffentlichen und deren Autoren langfristig zu fördern. Mittlerweile gilt der 1997 gegründete und mehrfach prämierte Verlag als Spezialist für Neuautoren in Deutschland, Österreich und der Schweiz.

Für jedes neue Manuskript wird innerhalb weniger Wochen eine kostenfreie, unverbindliche Lektorats-Prüfung erstellt.

Weitere Informationen zum Verlag und seinen Büchern finden Sie im Internet unter:

www.novumverlag.com